丛书主编　俞树毅

★生命无返程:重点交通法规解读

★百姓生活避风港:也谈社会保障法

★祸患积于忽微:警察权限与治安管理

★清官能断家务事:走进婚姻法

★约定大于法定:合同法漫谈

★**让我欢喜让我忧:银行卡消费与维权**

★权利与保障同行:民事侵权及其救济

法律在身边

FALU ZAI SHENBIAN

公民维权系列丛书

骆晓玲　编著

让我欢喜让我忧:

银行卡消费与维权

兰州大学出版社

图书在版编目（CIP）数据

让我欢喜让我忧 ：银行卡消费与维权 / 骆晓玲编著
. -- 兰州 : 兰州大学出版社, 2014.11
（“法律在身边”公民维权系列丛书 / 俞树毅主编
）

ISBN 978-7-311-04635-4

Ⅰ. ①让… Ⅱ. ①骆… Ⅲ. ①信用卡业务－民法－基
本知识－中国 Ⅳ. ①D923

中国版本图书馆CIP数据核字(2014)第267113号

责任编辑　张国梁　杨　洁
装帧设计　郇　海

书　　名　让我欢喜让我忧:银行卡消费与维权
作　　者　骆晓玲　编著
出版发行　兰州大学出版社　(地址:兰州市天水南路222号　730000)
电　　话　0931-8912613(总编办公室)　0931-8617156(营销中心)
　　　　　0931-8914298(读者服务部)
网　　址　http://www.onbook.com.cn
电子信箱　press@lzu.edu.cn
印　　刷　兰州奥林印刷有限责任公司
开　　本　710 mm×1020 mm　1/16
印　　张　8.5
字　　数　139千
版　　次　2015年3月第1版
印　　次　2015年3月第1次印刷
书　　号　ISBN 978-7-311-04635-4
定　　价　22.00元

总　序

党的十八届四中全会提出全面推进依法治国，总目标是建设具有中国特色社会主义法治体系，建设社会主义法治国家。

改革开放三十多年来，走市场经济道路和建设具有中国特色社会主义法律体系、建设法治国家是我们始终坚持的。改革越往后就越艰难。我国市场经济建设虽然取得了巨大的成功，但地方保护、行政垄断、自然垄断、权力寻租、市场壁垒以及不公正的市场规则等乱象依然存在，市场经济建设已经到了深层的攻坚克难时期。市场经济是法治经济，市场秩序的建立与维护要依靠反映市场规律、市民社会规则的法治体系。人治只能是计划经济的反映。建设具有中国特色社会主义法治体系，对于深化各项改革、推动市场经济健康发展，具有重要意义。

正如十八届四中全会提出全面推进依法治国的重大任务所表明的，中国特色社会主义法治体系的建设和完善主要依赖于政府的推动，但这[illegible]下的推动应当促进内生性的法治建设，其中，增强全民法治观念、加强民主立法和法律实施的公众参与等，应该是题中的应有之意。

社会问题纷繁复杂，当下中国社会又一次处在了历史的节点上。“依法治国，建设社会主义法治国家”是中国的基本治国方略，也是中国承继人类文明的必然和历史选择。依法治国必然要求增强全民法治观念，并在全社会大力推动普法宣传教育。虽然学理解释在法理学上属于无权解释之列，但适法、守法、用法均离不开对现行法律的熟悉、掌握和准确理解，学理解释在法律的适用、市场规则和市场秩序的维护、公民行为的预测或指引中发挥着至关重要的作用。可以说，如果民众没有良好的法律素养，没有法律信念，则中国现代法律的移植、现代法治社会和法治国家的建设始终是不可完成的任务，只能是水中月、镜中花。

早在1986年，中国就开始了以五年为一个周期的普法活动。2011年为“六五”普法规划的启动年。“六五”普法规划的基本指导思想主要是：按照全面落实依法治国基本方略和建设社会主义政治文明的新要求，坚持法制宣传教育与社会主义核心价值体系教育相结合、与社会主义法治理念教育相结合、与社会主义公民意识教育相结合、与法治实践相结合，深入开展法制宣传教育，深入推进依法治理，大力弘扬社会主义法治精神，为夺取全面建设小康社会新胜利营造良好法治环境。

所谓普法，就是普及法律知识，而法律知识范围广泛，涵盖法律和法学，既包括法律精神、法律价值、法律理念，也包括法律原则、法律规范；既包括理论法学、应用法学，也包括一切有关法律和法学的知识和学问。因此，普法会成为依法治国的常态和有机组成部分。当然，普法首先是从对现行法律的宣传、正确解释和准确理解开始的。

应兰州大学出版社之约，我们组织编纂了这套“法律在身边”公民维权系列丛书。丛书内容涉及公法、私法和社会法等各个方面，将按照出版计划陆续推出。这套丛书的出版，期望能够为全社会普法、为法治中国建设尽些绵薄之力。

丛书撰稿人均为在职法律人（法律职业共同体成员，包括法官、检察官、律师、法学教育工作者以及研究者等），大都从事法律教学和研究以及司法实践工作，有较高的科研能力和语言驾驭能力。是他们认真负责的态度和孜孜不倦的工作，使丛书得以面世。

作为丛书的总主编，我制定了丛书的体例，并对各分册书稿进行了统稿和进一步完善。

这套丛书的特点是：语言明快、简洁、通俗；法律要义、释疑、案例、法条有机结合，各单元自成体系；贴近社会生活的主要方面，与大众生活息息相关。

限于学识和时间，书中肯定存在不少问题，希望读者、行家不吝赐教。

俞树毅

2014年12月1日

（丛书总主编俞树毅，系兰州大学法学院教授、博士研究生导师。兰州大学环境资源法学研究所所长）

前　言

目前,银行卡不仅有强大的投资消费功能,其增值服务也相当丰富。但由于我国银行卡产业起步相对较晚,加之国内金融管理体制尚处于改革与创新的关键时期,各种保障机制相对比较落后,更为重要的是,由于相关法律的不健全,致使银行卡运行中的各种安全风险和安全隐患不断加大,并且难以实现有效的预警和防范,客观上就为某些不法分子利用银行卡管理制度中的漏洞大肆实施违法犯罪活动提供了条件。

本书共分为六个单元,首先介绍银行卡的由来、演变、功能和作用,其次介绍银行卡消费过程中的各种风险和陷阱,进而对持卡人的维权路径进行探讨,以此警示持卡人了解用卡知识,注意个人信息资料的保护,谨防银行卡上当受骗。在分析银行卡交易中涉及的法律关系的基础上,以界定银行卡的非授权使用为切入点,分析银行卡非授权使用过程中产生的违约责任、侵权责任和刑事责任。本书也指出了我国在持卡人权益保护具体制度方面的不足,提出一些针对性的建议。力图使银行卡使用人对有关法律法规有所了解,避免消费风险,依法维护合法权益。

前 言

目 录

第一单元 初识银行卡

——一卡在手走遍全球

【精讲精析】

一、什么是银行卡？银行卡与信用卡是什么关系？

根据《金融学国际词典》，银行卡是一种塑料制作、个人使用、贴有磁条的卡片，它由代理机构、银行或其他组织发行，持卡人可以在规定的最高信用额度内消费购物，信用的实现是通过卡自身的授权并由持卡人在商户的账单上签名来完成的。[①]

1999年1月中国人民银行发布的《银行卡业务管理办法》第3条规定："银行卡是指商业银行向社会发行的具有消费信用、转账结算、存取现金等全部或者部分功能的信用支付工具。"

银行卡包括信用卡和借记卡。信用卡，一般是指金融机构和信用卡公司为授予申请人循环信用而发行的，持卡人向特定金融机构取得现金或者向特约商户取得商品、服务等，并按照约定的方式清偿账款所使用的支付卡；借记卡，一般是指持卡人先在发卡机构存款，后向特定金融机构取得现金存取、转账或者向特约商户取得商品、服务等所使用的支付卡。信用卡和借记卡两者的区别在于信用卡具有透支功能而借记卡没有。

但在《中华人民共和国刑法》（以下称《刑法》）中，将银行卡犯罪纳入刑法范畴时采用的是"信用卡"的概念。2004年12月29日第十届全国人大常委会第十三次会议通过的《关于〈中华人民共和国刑法〉有关信用卡规定的解释》，

---

①〔英〕格雷厄姆·班诺克、威廉·曼瑟著，王中华译：《金融学国际词典》，人民邮电出版社，2007年版，第61页。

对《刑法》中“信用卡”的定义如下：《刑法》规定的“信用卡”，是指“由商业银行或者其他金融机构发行的具有消费支付、信用贷款、转账结算、存取现金等全部功能或者部分功能的电子支付卡”，也就是说《刑法》将借记卡也纳入了信用卡犯罪处罚范围，因此《刑法》中所称的信用卡实际上包含了借记卡和信用卡。

根据中国银行业监督管理委员会2011年颁布的《商业银行信用卡业务监督管理办法》，信用卡是“记录持卡人账户相关信息具备银行授信额度和透支功能并为持卡人提供相关银行服务的各类介质”，该定义明确规定信用卡必须具有授信额度和透支功能等典型特征，显然不包括借记卡在内。国内通说认为，信用卡是一种由金融机构所发行的消费支付工具，发卡单位根据申请人的个人信用记录核发消费信用额度，因此它也是代表个人信用的凭证信用卡，有别于借记卡，不需要预先存入款项，它是用于发放循环信贷和提供相关服务的凭证，循环信贷额度的大小代表着持卡人的信用高低。[1]信用卡本质上属于一种信贷产品，是一种小额、循环、信用免担保的消费信贷业务。[2]信用卡是仅次于现金，普遍受欢迎的塑料货币。

二、信用卡[3]的种类、功能和作用

(一)信用卡的种类

广义上的信用卡通常可以划分为：公司卡与个人卡、贷记卡与借记卡、国 [illegible] 行的零售信用卡、服务行业发行的旅游娱乐卡等。

1.银行信用卡

银行发行的常见的信用卡主要有如下4种：

(1)购物卡：购物卡是银行组织一批商店或交通旅游公司等服务型企业(简称特约商户)，在向持卡人提供赊销商品或劳务时，持卡人签具账单，特约商户凭账单向银行收取贷款或劳务费用，同时须交纳一定比例的手续费。通常银行在月底凭账单同持卡人结账。持卡人若在规定时间内偿还贷款，则无须支付利息，若超过规定期限，则需向银行支付利息。

(2)记账卡：是银行业务电脑化发展的产物，通过银行在大的商业中心、旅游服务中心设置的电脑终端进行自动转账和支取部分现金。

① 辛树森主编：《银行卡》，中国金融出版社，2007年版，第1页。

② 徐志宏主编：《商业银行信用卡业务》，中国金融出版社，2007年版，第3页。

③ 本书中对信用卡概念的采用广义上的理解，包括但不限于借记卡。

（3）提现卡：是购物时用于付款转账并可在发卡银行的所有分支机构或设有自动柜员机的地方随时提取现金的信用卡。

（4）支票卡：是凭信用卡签发支票的信用卡。支票卡一般规定了使用期限和最高金额，在限额内，银行保证支付，超过限额则拒付。支票卡持卡人可以向银行透支，也就是说在银行与客户商定信贷限额以后，客户就能超过其存款余额并在信贷限额以内签发支票，自动取得贷款。

2.公司卡与个人卡

（1）公司卡：实际上是单位卡，是发卡银行向企事业单位、团体等发行的信用卡。单位卡一般在卡正面的左下方有凸印的“DWK”字样，单位卡在境内只能消费，不能提取现金。

（2）个人卡：是发卡银行面向居民发行的信用卡，其使用者为个人。

3.贷记卡与借记卡

（1）贷记卡：按照是否向发卡银行交存备用金可分为贷记卡、准贷记卡两类。贷记卡是指发卡银行给予持卡人一定的信用额度，持卡人可在信用额度内先消费后还款的信用卡。准贷记卡是指持卡人须先按发卡银行要求交存一定金额的备用金，当备用金账户余额不足支付时可在发卡银行规定的信用额度内透支的信用卡。

（2）借记卡：按功能不同分为转账卡（含储蓄卡）、专用卡、储值卡。借记卡不具备透支功能。转账卡是实时扣账的借记卡，具有转账结算、存取现金和消费功能；专用卡是具有专门用途、在特定区域使用的借记卡，具有转账结算、存取现金功能。我国国内银行发行的信用卡多属于借记卡。

4.国际卡与地区卡

（1）国际卡是可在全球任何一个国际信用卡组织或信用卡公司所属的收单银行或特约商户中使用的信用卡。外币卡属于国际卡，可在世界各地使用。

（2）地区卡是只能在指定地区使用的信用卡，人民币卡属于地区卡，是以人民币结算，仅限在我国境内使用。还有一种双币卡是以人民币和某一指定外币两种货币结算，既可以在我国境内使用，也可以在境外指定国家和地区使用。

5.普通卡与金卡

按卡片等级可分为：普卡（银卡）、金卡、钛金卡、白金卡、无限卡、世界卡等。信用卡的等级不同，卡片的颜色、性质都不同。金卡级别以上的应缴年费和可透支金额均高于普通卡，级别越高申请难度越高。

6.主卡和附属卡

个人卡主卡持有人一般可为其家人或朋友申领附属卡,办理附属卡的条件和可申领的张数由各发卡机构自行规定。主卡和附属卡的持有人共用一个信用额度,附属卡的所有交易款项均计入主卡账户,附属卡可应主卡持有人的要求注销或止付。

(二)信用卡的功能

1.储蓄功能。持卡人可持卡在发卡银行指定的营业网点办理存取款,可在发卡银行的所有网点及联行机构通存通兑,借助ATM机可以实现跨行跨地区通存通兑。持卡人在借记卡和准贷记卡上存储的资金可以享受活期储蓄计付利息。

2.支付结算功能

支付结算功能是信用卡最主要也是最基本的功能,这一功能为社会提供最广泛的结算服务,方便持卡人与特约商户的购销活动,减少社会的现金流通量,提高资金流转效率,节约社会劳动。持卡人可以凭卡在各种受理信用卡的酒店、餐厅、饭店、商店等商业机构或网点结清交易双方的债权债务,而无须以现金货币支付账款。随着计算机网络等信息技术的不断发展,信用卡还可通过互联网络、固定电话甚至手机来完成支付结算。

3.汇兑转账功能

汇兑是汇款人委托银行将款项汇给外地收款人的结算方式。持卡人外出商旅、销售、度假,在异地甚至异国,需要在外地收回款项时,可持卡在异地联网的其他会员银行网点办理存款手续,由银行将款项汇回本地持卡人账户,用款时可持卡在各地会员银行办理取款手续,也可将款项凭卡划转到异地,然后凭卡支付,办理结算。该功能避免了信汇的长时间等待、电汇的高昂费用和票汇的烦琐程序,其最大的优点是快速、方便、安全。

4.消费信贷功能

发卡机构发放银行卡实质上是向持卡人提供短期的消费信贷,根据顾客的不同的资信状况,提供不同的授信额度。持卡人可在信用额度内进行短期的透支消费或预借现金,消费还可享有时限不等的免息还款期,一旦已经使用的金额得到偿还,该信用额度又可以恢复使用。

除了上述四种基本的功能外,随着支付模式的不断创新和信用卡应用领域的不断扩大,信用卡增添了许多增值功能,如提供代收代缴公用事业费,使用信用卡的行为可以为持卡人建立自己的信用记录,商业联名卡可以实现规模购买，为持卡人提供优惠积分、消费折扣等。

（三）信用卡的作用

1.有利于减少现金货币的使用，节约现金流通和管理费用，有利于扩大银行转账结算业务，增加银行信贷资金来源。信用卡主要应用于零售商品和劳务供应，这些领域原来主要有现金货币来充当流通媒介与支付媒介，信用卡使货币的支付方式首次由现金货币转变为电子货币，使大量现金货币交易转化为转账结算，从而节约了相应的现金货币流通费用，有利于将分散于个人手中的社会闲散消费资金集中于银行，扩大银行信贷资金来源，增加社会再生产投入。此外，推行信用卡可以减少游离于银行体系以外的现金流通，为有计划地调节货币流通，促进国民经济持续、稳定、协调发展创造条件。

2.提供结算服务，简化结算手续，有利于节约社会劳动。信用卡的最大特点是将现金结算转变为转账结算，免去了消费者携带大量现金的不便，同时也减轻了特约商户或服务部门的销货后收款、清点现金以及银行印刷、调运、保管现金货币的繁重劳动，从而大大节约了社会劳动。

3.方便购物消费，增加安全感。信用卡打破了转账结算在时间、地点上的限制。持卡人无论在白天、夜晚或节假日都可持卡在本地或外地的商场、饭店直接消费付款，在自动取款机上支取现金。信用卡的方便、快捷、安全避免了携带大量现金的不方便、不安全，也避免了收假钞的风险。

4.促进消费市场快速发展，刺激社会需求。信用卡作为一种小额消费信贷工具，给人们提供了在暂时没有购买力时就可以提前消费的机会，这种适度超前消费方式刺激了社会需求，加速了社会消费，从而也加速了商品流通和生产发展，更重要的是将各个经济主体、金融、经济产业连在一起，形成一个庞大的有机产业链，对社会经济有着积极的影响。

5.有利于推动金融业的国际化、现代化。信用卡是网络技术和现代通信技术在银行结算业务上综合运用的产物，其超前的集中性推动着金融电子化和现代化。开展信用卡业务，对加速我国金融业现代化以及与国际金融业的接轨起着积极作用。

三、与信用卡相关的概念

（一）信用额度

信用额度即所谓循环信用额度，是指消费额度。当消费者向银行申请信用卡时，银行会依据其个人财力、信用记录等数据，为其设定信用额度。在此额度内,消费者可刷卡消费,并享有循环信用的付款便利。

(二)信用卡年费

信用卡年费是持卡人因持有并使用银行信用卡而需要每年向发卡银行缴纳的费用。不同种类的信用卡根据相关银行的规定或协议条款收取不同的年费。针对某些特殊客户或特殊情况,银行也可能免除年费。

(三)分期付款

分期付款指持卡人使用信用卡进行大额消费时,由银行向商户一次性支付持卡人所购商品(或服务)的消费资金,然后持卡人分期向银行还款的过程。银行根据持卡人申请,将消费资金分期通过持卡人信用卡账户扣收,持卡人按照每月入账金额进行偿还。

(四)超限费用

超限费用是指持卡人使用超过发卡银行批准的信用额度,在账户超限日(发卡银行对该笔交易金额的记账日)营业终了前未偿还超限额部分,应对超额部分按5%支付超限费用。客户申请临时调高的信用额度,在有效期内使用调整后的额度不算超限,到期后信用额度将自动恢复为原来的信用额度。如在临时调额期限终止前未偿还超过原信用额度部分,将在超限日(调额期限终止日的次日)按超额部分的5%收取超限费。

(五)滞纳金

滞纳金是指超过规定的缴款期限,向缴款人征收的一种带有惩罚性质的款项。一般是按超过规定期限的天数,按天征收应缴款额一定的百分比。对于未能在到期还款日营业终了前偿还最低还款额的,除应按期计付贷款利息外,还应按最低还款额未还部分的5%支付滞纳金。连续两次(含)以上在到期还款日营业终了前未能足额偿还最低还款额的,发卡银行可以停止该卡的使用。

四、银行卡消费法律关系的种类

法律关系是法律在调整人们行为的过程中形成的特殊的权利和义务关系。或者说,法律关系是指被法律规范所调整的权利与义务关系。法律关系是以法律为前提而产生的社会关系,没有法律的规定,就不可能形成相应的法律关系。法律关系由三要素构成,即法律关系的主体、法律关系的客体和法律关系的内容。

在信用卡交易或消费过程中,大致产生五种不同的法律关系:一是发卡行与持卡人之间基于信用卡领用合同形成的法律关系;二是发卡行与特约商户之间基于受理信用卡协议形成的法律关系;三是持卡人和特约商户之间基于物品或服务消费形成的法律关系;四是收单机构与特约商户之间基于预存款合同、委托代理结算、垫付款项而形成的混合法律关系;五是发卡人与收单机构之间基于行业惯例调整形成的混合法律关系。

(一)发卡行和持卡人之间的法律关系

基于持卡人与发卡行之间的法律关系可定性为持卡人与发卡行之间以信用为基础,具有消费信贷关系以及委托代理结算关系的混合契约关系。

1.委托代理结算关系

代理结算功能是银行卡的最主要的功能,信用卡作为银行卡的一种,当然也具有代理结算的功能。发卡行与持卡人的委托代理结算关系主要表现在如下两方面:

(1)持卡人在特约商户处购物消费后,只需提供信用卡进行结算,而无须以现金支付。现实交易中,凭借持卡人的授权,发卡行通过内部网络系统,将应付款项从持卡人账户转移到特约商户的账户上。发卡行只需负责处理有关结算事务,由此产生的义务都由持卡人承担。

(2)持卡人在利用信用卡进行款项汇兑时,发卡行与持卡人间也产生代理结算的法律关系。委托方是持卡人,发卡行是受托方。发卡行将持卡人指定的款项快速、准确地汇到持卡人指定的账户,并收取相应的汇兑费用。在一般的信用卡业务中,发卡行均可以为持卡人代理缴纳各种公用企业收费,包括但不限于代理缴纳通话费、电费、水费、燃气费、有线电视收视费等。

2.消费信贷关系

信用卡最有特色的一种功能就是消费信贷功能。持卡人根据信用卡领用合同,在持卡消费的过程中,发卡行允许其在双方约定的最高限额内进行短期透支。一旦持卡人进行了信用卡透支,就成为债务人,其必须在规定的时间内向发卡行支付透支本金,超期未支付的要缴纳协议规定的利息。发卡行为债权人,在享有收取本金、利息权利的同时,也要承担透支金额不能被追回的风险。因此,发卡行在向申请人发出信用卡时,根据持卡人的资信情况确定不同的透支额度。

(二)发卡行和特约商户之间的法律关系

信用卡交易或消费时真正稳定各方主体关系、保证持卡人用卡便捷的关键是发卡行与特约商户之间的特殊协议——合同法律关系。特约商户是指那些能够受理银行信用卡业务，为持卡人提供购物、服务的单位，其通过与发卡行订立相关协议，接受持卡人刷卡消费的支付方式，确保持卡人受到与使用现金消费一样的服务，并承担一定的审查义务，从而达到减少现金流转、扩大业务范围的目的。而银行也借此为持卡人提供消费结算的便利，收取其间的服务费用，增加银行利润。可见，发卡行与特约商户之间是一种"双赢"关系。

（三）持卡人和特约商户的法律关系

持卡人在特约商户处进行消费时，与特约商户之间形成了基本的商品买卖或服务供给与接受的法律关系。持卡人与特约商户的交易关系是信用卡法律关系中的基础的交易法律关系，但由于涉及信用卡支付的内容，这一基础的法律关系比一般的交易关系具有更为丰富的内容。

1.商品或服务买卖关系

持卡人与特约商户首先是对商品的质量、品种、价格与交付等达成了一致意见，在此基础上才能讨论款项的支付问题。在持卡人与特约商户对商品本身达成约定时，持卡人也享有消费者保护方面的有关权利，如知情权、撤销权等。

2.价款支付关系

除了对商品或服务本身的约定外，持卡人与特约商户对价款的支付方式也有其复杂的约定：

（1）通过信用卡支付款项的约定，通过信用卡支付款项既是收单机构与特约商户达成的为第三人利益的合同约定的持卡人的权利，也是持卡人与特约商户的合同约定的内容；

（2）持卡人委托特约商户进行信息转接的约定，即持卡人通过特约商户的信息交换系统获得发卡人授权与承诺支付款项的约定；

（3）如果没有获得发卡人的授权或持卡人的签名不符，或其他原因款项没有获得支付，持卡人仍然得通过其他方式支付款项。

（四）收单机构与特约商户之间的法律关系

收单业务是指持卡人在特约商户直接消费、在指定银行网点或ATM机支取现金，以及由此引起的授权、清算、挂失、拒付等业务。广义的收单业务包括银行柜面取款、ATM取现和消费收单等。狭义的收单仅指消费收单，主要有两种，一是内卡收单（国内卡或者地区卡），二是外卡收单（国际卡）。[1]

收单机构应与特约商户在平等、自愿的基础上签订代理收单协议，明确规

---

① 徐志宏主编：《商业银行信用卡业务》，中国金融出版社，2007年版，第67页。

定双方的权利义务关系,收单业务管理主体,移动受理终端和无卡交易行为的管理主体,协助调查处理的责任和内容;保证金条款;保密条款;数据安全条款以及其他重要条款,法律责任和经济责任等。特约商户在受理信用卡时,应当按照与收单机构的约定支付有关费用,不得向持卡人收取或变相收取商品和服务价款以外的费用,不得以高于现金支付方式的价格出售商品或提供服务。

(五)发卡人与收单机构之间的法律关系

发卡人与收单机构法律关系的确立并非基于双方的合同约定,而是由银行业间的惯例构成的。实务中,由于发卡人与收单机构的数量都非常大,发卡人与收单机构不可能签订合同,而是各方都遵循有关部门、行业协会等制定的制度、文件构成了合同的重要内容。我国银联作为信用卡组织,同时也作为收单机构制定了许多制度,甚至制定了行业争议处理规则,这些制度构成了发卡人与收单机构的合同内容。

五、银行卡消费中各方主体的权责分配

银行卡交易法律关系涉及多个当事人,有持卡人、发卡机构、特约商户、收单机构以及提供银行卡中间服务的组织或机构。在这些多重的法律关系中,持卡人与发卡机构之间的关系是基础性的法律关系,起到关键性的引领作用,其他法律关系则是从属或者衍生的法律关系,但对于持卡人与发卡机构之间的基础性法律关系会产生很大的影响。银行卡交易法律关系的建立、存续与终结,是一种多方当事人互相博弈的过程与结果。发卡机构依据格式合同条款的约定,以行业惯例为借口,时常做出一些违背公平原则和诚实信用原则的行为,这是发卡机构与持卡人之间权利义务失衡,并造成持卡人法律地位弱势且合法权益无法保障的根本性原因。[①]使用信用卡付费的整体法律关系,是由持卡人、特约商户、专业信用卡组织及其会员秉承契约自由精神,以契约约定彼此的债权债务关系来开展的。除《合同法》以外,持卡人权益保护还可以通过《消费者权益保护法》来实现。

(一)持卡人的权利与义务

1.持卡人的权利

对于发卡行而言,持卡人在签订信用卡领用合同取得信用卡之后,便成为发卡行的“客户”,其权利依据《银行卡业务管理办法》和各大银行不同的银行

①李飞:《信用卡关系中持卡人权利义务的失衡与救济》,载于《金融法苑》,2009年第2期。

卡领用合同而定，大体包括：

(1)知情权。持卡人有权要求不受虚伪宣传、营销广告、信息揭示及其他行为的损害，有权要求明了信用卡领用协议的内容及实际的财务费用，以利于自己做出适当、理性的判断——是否接受信用卡产品。实务中，银行卡领用协议一般为格式合同，发卡银行经常利用自己强势的垄断地位，制定有利于自己而不利于消费者的条款，如免责条款、失权条款、抗辩切断条款等。一般持卡人对此种条款多未注意，不知其存在；或虽知其存在，但因此种契约条款乏味冗长，且以小号字印制，不易阅读。或虽阅读，因文意晦涩难懂，不能理解其真实含义。①即便是能够理解其真实含义，知悉对自己不利条款的存在，信用卡申请人也多无讨价还价的余地，只能在接受和拒绝之间做出选择。

此外，持卡人有权知悉信用卡的功能、使用方法、收费项目、收费标准、适用利率及有关的计算公式；有权要求发卡行在规定时间内寄送对账单，账单上一般应列明上期至本期账单之间所有入账的交易、新的还款到期日、账户余额、最低还款额等相关资料。对于发卡行寄送的对账单有疑义的，有权提出申请要求发卡机构向收单机构启动"调单拒付"调查机制。发卡机构应当经调查后予以确认并向持卡人反馈，对不符账务的内容有权要求改正。

在信用卡业务竞争日益激烈的今天，各大银行为吸引客户扩大市场占有率，纷纷提供各种不同的额外服务。基于合同自由的原则，这些约定只要不违反法律、行政法规的禁止性规定，自然有效。

在欧盟，依据《消费者金融服务远程营销指令》规定，在消费者签订服务合同之前，金融服务提供商必须向消费者告知有关服务商自身的基本情况、金融服务项目、远程合同以及救济措施等重要信息内容。②

(2)隐私权。隐私通常是指个人生活秘密包括私生活、日记、生活习惯、储蓄、财产状况、通讯秘密等。消费性电子资金划拨业务中所指的"隐私权"是指消费者的"金融隐私权"。所谓金融隐私权是指信息持有者对与其信用或交易相关信息所享有的控制支配权。与传统隐私权不同的是，金融隐私权指的是具有财产利益的信息，以信用信息为核心，包括信息所有人经济与财产、市场

①何佳梅：《台湾地区使用信用卡之民事关系研究》，载于《金融法苑》，2005年总第64辑。

②王泽鉴：《民法学说与判例研究》(修订版第三册)，中国政法大学出版社，2005年版，第21页。

交易方式状况方面的信息。[1]

追求商业利益最大化的消费性电子资金划拨者往往会对消费者的个人信息资料进行收集,并用于以营利为目的的经营活动中,侵犯消费者对其个人隐私所享有的权利。

国内学者张德芬认为,受隐私权保护的信用卡信息一般包括个人身份信息、信用卡交易信息和信用卡信用状况信息三种内容。[2]我国信用卡个人身份信息包括姓名、性别、出生年月日、身份证件名称及号码、本人月收入、家庭地址、文化程度、住宅电话、职业、职称等。信用卡交易信息包括卡号、卡片有效期、交易金额、交易类型、授权号码、交易日期、收单行号、特约商户名称、POS流水号等。关于信用卡交易信息,依据隐私权的概念,当属于隐私权保护的范围,因为这些信息涉及消费者的交易习惯、偏好以及其他对个人来说比较敏感的信息,如果发卡银行对之进行分析、利用、甚至披露,显然消费者是不愿意接受的。信用卡信用状况信息,包括是否按期返还透支款项的信息、恶意透支的信息等,是发卡银行决定是否发放信用卡、决定信用卡透支金额的重要依据,因而属于信用卡信息共享的重要内容。尽管如此,我们认为这些信息仍然具有保密性,因此,这些信息的获得、使用和公开,必须符合隐私权保护的有关规定。

(3)差错更正权。差错更正权是指持卡人就自己错误操作、发卡银行处理程序错误或设备与系统故障所发生的不当划拨要求更正的权利。信用卡交易中电子资金的划拨是采用先进的数字流转技术来完成信息的传输和资金的划拨的,为实现资金划拨这一目的需要一定的划拨工具和联网的电脑、相关软件和其他配套设施,每个当事人所采用的硬件设备和管理软件都有可能不同,其内部运作结构和数据可能部分涉及商业秘密的范畴。出现错误划拨的情况时如果要求消费者去证明金融机构的过错是十分困难甚至是不可能的,因此,法律有必要对信用卡消费者的差错更正权和双方的举证责任做出明确的规定。

(4)撤销权。所谓撤销权是指作为对处于劣势地位的当事人的一种补偿

---

①谈李荣:《金融隐私权与信息披露的冲突与制衡》,中国金融出版社,2004年版,第55页。

② 张德芬:《小额电子资金划拨法研究》,郑州大学出版社,2006年版,第207页。

而赋予其附加的时间来考虑合同是否订立的问题。[①]欧盟《远程销售指令》规定,消费者可以在不少于7个工作日的时间内撤销购买合同,而且行使撤销权不需要任何理由,也不会受到处罚。商家在撤销权行权日前,不得收取消费者的预付款或者要求提前支付货款,即便不是为了收取货款的需要也不得要求消费者提供自己的信用卡号码。[②]成员国应当保证金融消费者可以在14天内撤销金融服务合同,不需要任何理由,也不会受到处罚。

(5)个人债务重整请求权。不可抗力、国家宏观经济政策与环境以及持卡人未来收入的剧烈变动等因素,会影响持卡人的还本付息能力。当信用卡欠款金额超出持卡人还款能力时,如果持卡人仍有还款意愿或者在本质上并无违约的主观故意,他有权利向发卡机构申请债务重整,请求与发卡银行进行平等协商,以达成个性化分期还款协议。个性化分期还款协议应设定还款最长期限条款,以平衡持卡人与发卡机构双方的经济利益。个性化分期还款协议的内容应包括但不限于下属内容:欠款余额、结构、币种;还款周期、方式、日期和每期还款金额;还款期间是否计收年费、利息和其他费用;双方的权利义务和违约责任等。双方达成一致意见并签署分期还款协议的,发卡银行及其发卡业务外包服务机构应停止对该持卡人的原债务催收措施,但持卡人不履行分期还款协议的情况除外。

(6)有限抗辩权[③]。持卡人的核心权利在于撤销权和抗辩权。撤销权主要表现在对发卡机构(信用卡领用协议)要约的撤销权和对于商户购买合同的撤销权。持卡人的抗辩权主要表现于因所购商品或者服务质量问题对商户的抗辩权,以及一些国家新发展起来的对发卡机构的延伸抗辩权。抗辩权问题的难点不在于持卡人基于其与发卡行之间的协议而对发卡行进行的抗辩,而在于持卡人能否基于特约商户的瑕疵履行,如特约商户在持卡人刷卡消费后,无法交付商品或交付的商品存在瑕疵,或持卡人与特约商户之间的消费协议存在问题,制止发卡行的付款行为或者拒绝向发卡行偿付相应款项,这在学界被

① Christian Twigg-Flesner and Refiner Schulze,"Protecting Rational Choice — Information and the Right of withdrawal",from Geraint Howells;Handbook of Research on International Consumer Law,Edward Elgar,2010,p.146.

② EU:Case C — 205/07, Celex No.607J0205.Judgment of the Court(Grand Chamber)of 16 December 2008. Lodewijk Gysbrechts、Santurel Inter BVBA, the Hof van Beroep to Gent.

③ Steve H. Nickles, Mary Beth Matthews, *Payments Gaw and Commercial Paper*, West Group, 2009, p. 539.

称为“抗辩权的接续”。

消费者抗辩权始于20世纪60年代的美国，其通过判例法和成文法突破传统法理对合同相对人的限制，创制出一些新的规则来支持消费者的抗辩权，如紧密联系性原则、连锁销售贷款规则以及美国联邦贸易委员会在《保护消费者索赔与抗辩》中所确立的金融机构明示承担责任的规则。①

借鉴外国立法的先进经验，我国法律也应当规定在定式合同中消费者能够对抗银行与经销商的权利，以保护消费者的利益。②持卡人消费者拥有抗辩权的法律依据是贷款人的法定连带责任，但基于持卡人与发卡银行之间借贷法律关系的独立性，持卡人对于发卡机构的抗辩权应当受到适当限制，即只有在持卡人针对特约商户及商品生产者等穷尽了各种救济手段以后仍不能维护自己权益的，才可以向发卡机构行使抗辩权。

2.持卡人的义务

（1）根据信用卡领用合同，持卡人有义务向发卡行交纳约定的信用卡年费和各种手续费，按期归还透支本息，自主选择还款方式。违反上述义务，持卡人要承担违约责任，情节严重的甚至要承担刑事责任。

（2）持卡人向发卡行申领信用卡时有如实提供个人身份、经济状况、社会关系等真实信息的义务。持卡人如遇工作调动、地址迁移，须书面通知发卡行。如果持卡人告知不实，致使发卡行遭受损害的，则持卡人违背了《合同法》第60条中确定的合同履行中的附随义务，应承担相应的民事责任。

（3）在信用卡遗失时，持卡人有及时挂失的义务。这不仅是维护自身的合法权益，也在一定程度上减少信用卡被冒用或盗用的风险。

（4）持卡人在特约商户处刷卡时，应根据情况出示身份证并在签购单上签字，经特约商户审查无误后，交易方为成功。

（5）守法义务。持卡人在持卡消费或者取现时，应当遵守本国的金融法律法规，如不得购买国内法律法规明令禁止的商品或者服务，遵守反洗钱法的有关规定等。

（二）发卡机构的权利与义务

1.发卡机构的权利

（1）格式合同提供权。商业银行开展信用卡业务时，它所面对的客户群体为非特定自然人或者法人，客观上要求其使用的合同为格式合同或者定式合

①刘燕主编：《消费金融的法律结构分析》，经济日报出版社，2007年版，第38页。

②曹诗权、龚瑞：《论消费信用中的消费者权益保护》，载于《法商研究》，2002年第4期。

同。信用卡领用协议一般由发卡银行制定,并涵盖多种内容,包括但不限于:发卡机构、持卡人各自的权利、义务,贷款的条件、利率、期限、金额,以及发卡机构的免责条款等。

(2)信用额度核准、审批权。信用卡申请人向发卡机构申请办理信用卡,一般会提出透支以及取现的最高额度申请,但该申请为申请人的单方意思表示。只有发卡机构核定、批准的额度才是最终生效的信用额度。

(3)有权要求持卡人提供真实、全面的个人信息。发卡机构有权审查申请人的资信状况、索取申请人的个人资料,并有权决定是否向申请人发卡。在我国,根据信用卡实名制的要求,发卡机构有权利要求申请人如实填写本人身份、经济状况、社会关系等方面的信息,这既是维护发卡机构资金安全性的需要,同时也有利于保障持卡人自身的合法权益,特别是在信用卡非授权使用的情况下,与持卡人身份有关信息的真实性将成为区分法律责任的基础和前提。

(4)发卡机构对持卡人透支有追偿权。持卡人不在规定期限内归还透支款项的,发卡机构有权申请法律保护并依法追究持卡人或有关当事人的法律责任。发卡机构对不遵守其章程规定的持卡人,有权取消持卡人资格并收回信用卡。

2.发卡机构的义务

(2)发卡机构的先合同义务[①]。依据诚信原则,贷与人应当对借用人负一定的说明义务。从先合同义务的性质看,发卡机构的先合同义务属于强制性的,绝非任意性的。

发卡机构应当向信用卡申领人提供有关信用卡的使用说明资料,包括章程、使用说明及收费标准等;应当设立针对信用卡服务的有效投诉机制,并公开投诉程序和投诉电话;应当向持卡人提供对账服务,按月向持卡人寄送对账单。对于持卡人刷卡消费后不能及时还款的,应当在合理、依法催收的基础上,告知持卡人不能履约还款的法律后果。如准备将持卡人不良资信情况登记在官方或为官方认可的民间征信系统,应当提前告知持卡人;应当向持卡人提供信用卡的挂失服务,提供电话和书面两种挂失方式。违反此义务导致持卡人损害的,持卡人有权要求发卡机构承担赔偿责任。

(2)信用卡合同履行过程中的信息披露义务。发卡银行对于信用卡合同履行过程中的信息披露义务应满足以下几个方面的要求:书面、明示方式;在

①先合同义务又称"前合同义务"或"先契约义务",主要是指在要约生效后合同生效前的缔约过程中,缔约双方基于诚信原则而负有的告知、协助、保密等合同的附随义务。

法定时间内持续进行；披露内容需符合法律规定等。[①]不按规定披露信息的，按照侵权过错程度和所造成的法律后果，应当分别承担相应的民事责任和刑事责任。

(3)对申请人、持卡人、特约商户信息的保密义务。发卡机构应依法为持卡人、申请人和特约商户的信息保密，除法律、法规另有规定外，未经当事人同意不得向任何单位或个人披露。[②]发卡机构营销人员应严格遵守对客户资料保密的原则，不得泄露客户信息，不得将信用卡营销工作转包或分包。发卡银行应严格禁止营销人员从事本行以外的信用卡营销活动，并对营销人员收到申请人资料、送交审核的时间间隔和保密措施做出明确的规定，不得在未征得信用卡申请人书面同意的情况下，将申请人资料用于其他产品和服务的交叉销售。发卡机构拒绝发给申请人信用卡的，也应当为申请人的相关信息保密。持卡人与发卡机构结束信用卡合同关系并撤销信用卡账户后，发卡机构同样需要履行对客户信息保密的后合同义务，除非经客户本人同意，不得用于其他营利性目的。

(三)特约商户的权利、义务

1.特约商户的权利

根据特约商户与发卡行签订的相关协议，特约商户在接受持卡人刷卡消费后，只需将签账单及时送交发卡行，发卡行形式审查后如无问题，应及时向特约商户付款。

2.特约商户的义务

(1)对持卡人身份信息的谨慎审核、注意义务。特约商户在受理信用卡时，负有审查信用卡有效期限，查对信用卡支付名单和持卡人签名、验证持卡人身份证件的义务。信用卡特约商户对信用卡使用人的签名负有形式上的审查义务，尽管该义务并非专业性判断。特约商户未履行该注意义务，可能构成收单机构拒绝对特约商户付款的正当事由。倘若造成对真正持卡人的财产损害……还会使得发卡机构需对持卡人负债务不履行的损害赔偿责任。[③]

(2)特约商户对持卡人消费、支取现金超过规定限额或持卡人使用信用卡有疑问时，负有向发卡行索要授权的义务。

(3)特约商户依据持卡人的购物或消费金额，按合约规定需向发卡行支付

---

①张德芬：《论银行卡信息披露的法律规制》，载于《当代法学》，2005年第3期，第69页。

②中国银监会：《关于进一步规范信用卡业务的通知》，银监发〔2009〕60号。

③何佳梅：《台湾地区使用信用卡之民事关系研究》，载于《金融法苑》，2005年第5期。

一定手续费;特约商户有义务接受持卡人刷卡消费,并不得无故附加条件或增加费用。

(4)非歧视性接纳所有信用卡的义务。特约商户应基于银行卡的非歧视原则受理用信用卡支付账款的请求,不能因为手续费费率、逃税等原因而拒绝受理信用卡结算。收单银行应确保特约商户按照联网通用原则受理信用卡,不得出现商户拒绝受理符合联网通用管理要求的信用卡,或因持卡人使用信用卡而向持卡人收取附加费用等行为。[①]

(5)诚实信用义务。基于特约商户与持卡人之间商品或服务买卖的合同法律关系,特约商户在商品或服务的营销方面应该诚实守信,不得有误导性宣传以及其他欺诈、胁迫性行为。对于出售的商品或者提供的服务,应当在商品或服务质量标准方面满足国家有关法律的强制性要求。对于持卡人消费者的投诉或者退货、换货行为,应当根据诚实信用的原则进行妥善处理。[②]

(四)收单机构的权利、义务

信用卡收单机构是指经营信用卡收单业务的金融机构和非金融机构。

1.收单机构的权利

(1)合理收费权。收单机构因提供收单服务,有权利收取一定的服务费用。根据我国目前商业银行的收费情况,外币卡收单业务手续费收入一般在交易金额的1.4%~4%之间,人民币信用卡收单业务手续费收入一般在1%~2%的幅度范围。[③]

(2)请款权。收单行在跨行交易完成资金划拨后对确定的短款有提出请款的权利。发生短款的原因主要有:ATM吐钞未记账、ATM吐钞金额大于记账金额、POS出单未记账、实际消费金额大于记账金额、贷记调整失误等。当对发卡行退单有异议时,收单行有再请款的权利,并在退单完成20日内提出再请款交易。

2.收单机构的义务

(1)发卡机构授权条件下不得无故拒绝收单。持卡人刷卡消费或者取现时,收单机构索权后,发卡机构经审核后授权,相当于给收单机构发出支付命

① The Honor All Cards Rule,http: //www. astercard.com/us/company/en/newsroom/honor—cards. Html.

② David Gefen, etc, Trust and TAM in On — line Shopping; an Intergtated Model MIS-Quarterly,Vol. 27,No. 1,pp.51- 90/March 2003.

③辛树森主编:《银行卡》,中国金融出版社,2007年版,第199页。

令。收单机构无正当理由不得拒绝该笔交易，否则将承担相应的违约责任，同时还会受到信用卡清算组织的内部处罚。

(2)信用卡交易关键信息不完整条件下的协助托收义务。特约商户签购单在遇到下述关键信息不完整的情况下，收单机构基于代理合同的约定有协助托收义务：单据上没有卡号或卡号等资料压印不清、购单上没有持卡人签名、消费金额超过限额未取得授权、过期卡消费等。商户托收成功后，收单银行方能贷记特约商户账户，托收不成功时，收单银行退单给商户，特约商户将承担该笔款项的最终损失。①

(3)对商户信用资质、欺诈和违规操作等产生的风险承担连带担保义务。收单银行有加强对特约商户资质审核的义务，不得因与特约商户有其他业务往来而降低资质审核标准和检查要求。当持卡人投诉特约商户且特约商户确实违反相关规定时，收单行首先代商户承担责任，同时保留要求商户承担责任的权利。对确认已出现虚假申请、信用卡套现、泄露持卡人账户和交易信息、恶意倒闭等欺诈行为的特约商户，收单银行应及时采取撤除受理终端、妥善留存交易记录等相关证据并提交有权调查机关处理、与相关信用卡清算组织共享风险信息等有效的风险控制措施。收单银行对特约商户信用资质、欺诈和违规操作等产生的法律后果承担连带责任。

(五)信用卡清算组织的权利、义务

1.信用卡清算组织的权利

(1)制定行业规则、技术规范、争议解决等权利。该权利不是法定的，而是基于信用卡中介组织的技术、渠道和垄断优势地位而被各会员所默认或者追认的约定性权利。

(2)合理限度内的收费权，如国际交换费等。

(3)组织仲裁权。信用卡清算组织的会员之间，以及会员与持卡人之间发生争议，一般交由信用卡清算组织去组织临时仲裁庭来解决争端，实务中该仲裁具有较高效率，很少发生会员银行不承认该仲裁效力的情形。

2.信用卡清算组织的义务

(1)为会员提供跨行交易信息交换服务。

(2)为会员提供安全、高效的清算服务。

(3)降低总体收费水平。

(4)促进信用卡业务的国际一体化。

① 参见Visa、MasterCard、中国银联等运营规则以及章程。

【典型案例】

案例一 银行卡丢失,卡内2万元丢失[①]

2011年2月9日下午,犯罪嫌疑人袁某开车拉着在其村里开彩票投注站的朋友刘某回家,后发现刘某下车时将一银行卡(卡内存有现金28055元)掉在其车内,便据为己有。之后,袁某来到某镇一银行自动取款机处,试图取钱。因袁某知道刘某彩票销售机上的密码,抱着试试看的目的,结果发现该银行卡密码与刘某彩票销售机上的密码一样。袁某怕在镇上取钱碰见熟人,便于2月11日晚,来到某县城一银行自动取款机,分10次将刘某的银行卡内2万元取出。

案例二 利用POS机非法经营套现17.2亿

自2010年12月以来,大连沙河口区郑某某大肆利用周边亲属和黑龙江老乡的身份证信息,伙同瓦房店市复州城镇卢某某、丁某某、刘某某、孙某某等人以开办建材商行、服装批发、日用百货、电子经销、通信器材等公司的名义,大量在工商部门登记注册"空壳公司"45家,并以此在华夏银行、中国银行、农业银行、兴业银行等多家银行机构分别申请了各类POS机77台。此后,通过采用网站发布广告、街面分发名片以及回头客介绍等手段招揽客户,以虚构交易、使用POS机反复为持卡人进行虚假消费,为现金需求较大、较急的信用卡持有人进行大量POS机套现,从中收取0.8%~2%不等手续费。截止到案发,该犯罪集团已为他人刷出17.2亿元现金的"营业额",非法牟取暴利高达1400万元。

【以案说法】

案例一 袁某的行为构成信用卡诈骗罪

(一)风险点分析

1.袁某以非法占有为目的,违反银行卡管理法规,冒用刘某的信用卡支取现金2万元。根据高检发释字[2008]1号文,"拾得他人信用卡并在自动柜员机(ATM)上使用的行为,属于刑法第一百九十六条第一款第(三)项规定的'冒用

① 转自正义网,检察频道。

他人信用卡'的情形,构成犯罪的,以信用卡诈骗罪追究其刑事责任",故构成信用卡诈骗罪。

2.持卡人保管银行卡不善且缺乏必要的安全用卡知识。上述案例中,持卡人刘某对所持有的银行卡保管不善,致使遗失,同时对银行卡密码的设置过于简单且发现丢失后,两天内未及时挂失是导致该起案件发生的直接原因。

3.发卡机构缺乏对交易的实时监控和预警。上述案例中,嫌疑人袁某分10次将刘某的银行卡内2万元取走,但发卡机构均没有相应的交易监控预警系统对这些交易进行分析和向持卡人提示。

(二)防范措施与建议

1.加强持卡人安全用卡宣传。发卡机构在向社会进行银行卡业务促销活动的同时,应进一步加强对持卡人安全用卡知识的宣传,如妥善保管银行卡,不要泄露密码和设置"傻瓜"密码,不要将卡与身份证件放在一起,如何挂失银行卡等;通过派发安全用卡小册子、组织专题宣传活动等方式,提醒持卡人防范银行卡欺诈,指导规避欺诈风险的必要常识,树立安全用卡意识。

2.规范银行卡受理流程。收单机构首先要规范银行卡受理流程,在开展商户收银员培训时,应严格操作流程。此外,提高收银员防范欺诈的意识,传授识别伪卡及可疑行为、识别持卡人身份、紧急情况下采取行动的经验和技能。

3.完善银行卡业务规则。对于出现被盗卡、丢失卡被冒用的情况要进一步明确收单机构、商户的责任。对于截获的盗窃案、诈骗案,要予以重奖;对于不坚持操作规范,玩忽职守造成的损失应由商户、收单方承担。

4.发卡机构应建立交易监控系统,对连续大额交易、历史最大额交易、连续密码校验错误等的可疑交易,进行识别和判断,及时提示发卡机构授权人员并与持卡人联系。

5.开通短消息提示功能。一旦持卡人账户余额发生变化,即通过短消息通知持卡人;制定挂失受理流程,支持电话挂失即时冻结账户资金功能,提高挂失时效性;加强对授权值班工作人员在职业素养和技能方面的培训,明确工作责任,增强工作责任心,从而进一步完善和落实各项制度,以正确应对各种突发事件。

案例二　郑某某等人构成非法经营罪

(一)风险点分析

郑某某等人构成非法经营罪:根据《最高人民法院 最高人民检察院关于办

理妨害信用卡管理刑事案件具体应用法律若干问题的解释》第七条,违反国家规定,使用销售点终端机具(POS机)等方法,以虚构交易、虚开价格、现金退货等方式向信用卡持卡人直接支付现金,情节严重的,应当依据《刑法》第二百二十五条的规定,以非法经营罪定罪处罚。此案系以郑某某为首,卢某某、丁某某、刘某某、孙某某等14人为骨干成员的信用卡套现犯罪集团,以牟取非法利润为目的,从事非法经营活动,扰乱市场秩序,情节严重的行为。

(二)防范措施与建议

1.加强源头控制。虽然金融机构竞争日益激烈,各商业银行应严格POS机发放审查程序,在发放POS机后,银行要加强后续的检查,监控其每月的业务量。

2.使用伪造的信用卡,使用虚假身份证明骗领的信用卡,冒用、盗用他人信用卡,恶意刷卡消费和套现构成犯罪的,依照《中华人民共和国刑法》的规定追究其刑事责任。

3.完善个人信用体系,健全有效制约机制。尽快建立和完善社会信用体系对金融风险防范有重大意义,银行要在建立和完善信用体系的基础上,通过客户的信用资料库随时查询客户信用档案,迅速确定能否给客户授信及授信额度,将参与银行卡套现的持卡人、商户的不良行为记录纳入社会信用体系,并配套相关的法律法规,为及时发现和打击信用卡套现行为打下良好基础。

4.要加强法律宣传教育,增强人民群众的合理安全用卡意识、法制意识。

【法条链接】

《中华人民共和国刑法》有关信用卡规定的解释

全国人民代表大会常务委员会根据司法实践中遇到的情况,讨论了刑法规定的“信用卡”的含义问题,解释如下:

刑法规定的“信用卡”,是指由商业银行或者其他金融机构发行的具有消费支付、信用贷款、转账结算、存取现金等全部功能或者部分功能的电子支付卡。

银行卡业务管理办法

第二条 本办法所称银行卡,是指由商业银行(含邮政金融机构,下同)向社会发行的具有消费信用、转账结算、存取现金等全部或部分功能的信用支付工具。

商业银行未经中国人民银行批准不得发行银行卡。

第五条　银行卡包括信用卡和借记卡。

银行卡按币种不同分为人民币卡、外币卡；按发行对象不同分为单位卡（商务卡）、个人卡；按信息载体不同分为磁条卡、芯片（IC）卡。

第六条　信用卡按是否向发卡银行交存备用金分为贷记卡、准贷记卡两类。

贷记卡是指发卡银行给予持卡人一定的信用额度，持卡人可在信用额度内先消费、后还款的信用卡。

准贷记卡是指持卡人须先按发卡银行要求交存一定金额的备用金，当备用金账户余额不足支付时，可在发卡银行规定的信用额度内透支的信用卡。

第七条　借记卡按功能不同分为转账卡（含储蓄卡，下同）、专用卡、储值卡。借记卡不具备透支功能。

第八条　转账卡是实时扣账的借记卡。具有转账结算、存取现金和消费功能。

第九条　专用卡是具有专门用途、在特定区域使用的借记卡。具有转账结算、存取现金功能。

专门用途是指在百货、餐饮、饭店、娱乐行业以外的用途。

第十条　储值卡是发卡银行根据持卡人要求将其资金转至卡内储存，交易时直接从卡内扣款的预付钱包式借记卡。

第十一条　联名/认同卡是商业银行与营利性机构/非营利性机构合作发行的银行卡附属产品，其所依附的银行卡品种必须是已经中国人民银行批准的品种，并应当遵守相应品种的业务章程或管理办法。

发卡银行和联名单位应当为联名卡持卡人在联名单位用卡提供一定比例的折扣优惠或特殊服务；持卡人领用认同卡表示对认同单位事业的支持。

第十二条　芯片（IC）卡既可应用于单一的银行卡品种，又可应用于组合的银行卡品种。

第十八条　银行卡的计息包括计收利息和计付利息，均按照《金融保险企业财务制度》的规定进行核算。

第十九条　发卡银行对准贷记卡及借记卡（不含储值卡）账户内的存款，按照中国人民银行规定的同期同档次存款利率及计息办法计付利息。

发卡银行对贷记卡账户的存款、储值卡（含IC卡的电子钱包）内的币值不计付利息。

第二十条 贷记卡持卡人非现金交易享受如下优惠条件:

(一)免息还款期待遇。银行记账日至发卡银行规定的到期还款日之间为免息还款期。免息还款期最长为60天。持卡人在到期还款日前偿还所使用全部银行款项即可享受免息还款期待遇,无须支付非现金交易的利息。

(二)最低还款额待遇。持卡人在到期还款日前偿还所使用全部银行款项有困难的,可按照发卡银行规定的最低还款额还款。

第二十一条 贷记卡持卡人选择最低还款额方式或超过发卡银行批准的信用额度用卡时,不再享受免息还款期待遇,应当支付未偿还部分自银行记账日起,按规定利率计算的透支利息。

贷记卡持卡人支取现金、准贷记卡透支,不享受免息还款期和最低还款额待遇,应当支付现金交易额或透支额自银行记账日起,按规定利率计算的透支利息。

第二十二条 发卡银行对贷记卡持卡人未偿还最低还款额和超信用额度用卡的行为,应当分别按最低还款额未还部分、超过信用额度部分的5%收取滞纳金和超限费。

第二十三条 贷记卡透支按月记收复利,准贷记卡透支按月计收单利,透支利率为日利率万分之五,并根据中国人民银行的此项利率调整而调整。

第二十六条 持卡人在ATM机跨行取款的费用由其本人承担,并执行如下收费标准:

(一)持卡人在其领卡城市之内取款,每笔收费不得超过2元人民币;

(二)持卡人在其领卡城市以外取款,每笔收费不得低于8元人民币。

从ATM机跨行取款所得的手续费,按机具所有行70%,信息交换中心30%的比例进行分配。

第三十四条 持卡人在还清全部交易款项、透支本息和有关费用后,可申请办理销户。销户时,单位人民币卡账户的资金应当转入其基本存款账户,单位外币卡账户的资金应当转回相应的外汇账户,不得提取现金。

第四十七条 发卡银行通过下列途径追偿透支款项和诈骗款项:

(一)扣减持卡人保证金、依法处理抵押物和质物;

(二)向保证人追索透支款项;

(三)通过司法机关的诉讼程序进行追偿。

第五十一条 发卡银行的权利:

（一）发卡银行有权审查申请人的资信状况、索取申请人的个人资料，并有权决定是否向申请人发卡及确定信用卡持卡人的透支额度。

（二）发卡银行对持卡人透支有追偿权。对持卡人不在规定期限内归还透支款项的，发卡银行有权申请法律保护并依法追究持卡人或有关当事人的法律责任。

（三）发卡银行对不遵守其章程规定的持卡人，有权取消其持卡人资格，并可授权有关单位收回其银行卡。

（四）发卡银行对储值卡和IC卡内的电子钱包可不予挂失。

第五十二条　发卡银行的义务：

（一）发卡银行应当向银行卡申请人提供有关银行卡的使用说明资料，包括章程、使用说明及收费标准。现有持卡人亦可索取上述资料。

（二）发卡银行应当设立针对银行卡服务的公平、有效的投诉制度，并公开投诉程序和投诉电话。发卡银行对持卡人关于账务情况的查询和改正要求应当在30天内给予答复。

（三）发卡银行应当向持卡人提供对账服务。按月向持卡人提供账户结单，在下列情况下发卡银行可不向持卡人提供账户结单：

1.已向持卡人提供存折或其他交易记录；

2.自上一份月结单后，没有进行任何交易，账户没有任何未偿还余额；

3.已与持卡人另行商定。

（四）发卡银行向持卡人提供的银行卡对账单应当列出以下内容：

1.交易金额、账户余额（贷记卡还应列出到期还款日、最低还款额、可用信用额度）；

2.交易金额记入有关账户或自有关账户扣除的日期；

3.交易日期与类别；

4.交易记录号码；

5.作为支付对象的商户名称或代号（异地交易除外）；

6.查询或报告不符账务的地址或电话号码。

（五）发卡银行应当向持卡人提供银行卡挂失服务，应当设立24小时挂失服务电话，提供电话和书面两种挂失方式，书面挂失为正式挂失方式。并在章程或有关协议中明确发卡银行与持卡人之间的挂失责任。

（六）发卡银行应当在有关卡的章程或使用说明中向持卡人说明密码的重要性及丢失的责任。

(七)发卡银行对持卡人的资信资料负有保密的责任。

第五十三条 持卡人的权利:

(一)持卡人享有发卡银行对其银行卡所承诺的各项服务的权利,有权监督服务质量并对不符服务质量进行投诉。

(二)申请人、持卡人有权知悉其选用的银行卡的功能、使用方法、收费项目、收费标准、适用利率及有关的计算公式。

(三)持卡人有权在规定时间内向发卡银行索取对账单,并有权要求对不符账务内容进行查询或改正。

(四)借记卡的挂失手续办妥后,持卡人不再承担相应卡账户资金变动的责任,司法机关、仲裁机关另有判决的除外。

(五)持卡人有权索取信用卡领用合约,并应妥善保管。

第五十四条 持卡人的义务:

(一)申请人应当向发卡银行提供真实的申请资料并按照发卡银行规定向其提供符合条件的担保。

(二)持卡人应当遵守发卡银行的章程及《领用合约》的有关条款。

(三)持卡人或保证人通讯地址、职业等发生变化,应当及时书面通知发卡银行。

(四)持卡人不得以和商户发生纠纷为由拒绝支付所欠银行款项。

第五十九条 持卡人出租或转借其信用卡及其账户的,发卡银行应当责令其改正,并对其处以1000元人民币以内的罚款(由发卡银行在申请表、领用合约等契约性文件中事先约定)。

第六十条 持卡人将单位的现金存入单位卡账户或将单位的款项存入个人卡账户的,中国人民银行应责令改正,并对单位卡所属单位及个人卡持卡人处以1000元人民币以内的罚款。

第六十一条 任何单位和个人有下列情形之一的,根据《中华人民共和国刑法》及相关法规进行处理:

(一)骗领、冒用信用卡的;

(二)伪造、变造银行卡的;

(三)恶意透支的;

(四)利用银行卡及其机具欺诈银行资金的。

【扩展阅读】

信用卡的由来

进入21世纪以来,我国被公认是目前全球信用卡业务增长最快、发展潜力最大的国家之一。1985年6月,中国银行珠海分行发行了我国第一张信用卡——中银卡,标志着信用卡在我国诞生。截至2011年底,全国信用卡累计发卡量已经达到了2.57亿张,授信总额达2.3万亿元。[①]近30年来,在我国,信用卡经历了从无到有并且逐渐普及的发展历程,时至今日,信用卡已经成为人们生活必不可少的一部分,特别是在大中城市没有信用卡就像没有手机一样,极为不便。商场购物、预订酒店、订购机票等,都因为信用卡的使用而变得更为方便、快捷。随着我国国际化程度的提高,人们到国外投资、贸易、旅游、探亲、留学,国际上掀起了中国人国际交流的热潮,信用卡极大地发挥了既便捷又安全的支付工具作用。信用卡给广大消费者带来购物支付和个人融资消费极大便利的同时,也促进了商家的支付结算和销售,并给发卡银行带来了巨大的业务和利润。

一、信用卡的出现

信用卡最初表现为一种类似金属徽章的信用凭证,这一凭证称为"购物卡",持有这一凭证的人可以到指定的商店赊购商品,约期付款。金属牌沿用了一段时间后换成了轻巧便于携带的塑料卡片。最早的信用卡于1915年出现在美国,最早发行信用卡的并不是银行,而是一些百货商店、餐厅、娱乐场所和汽油公司。19世纪末到20世纪的三四十年代,美国的一些商店和饮食店为招揽顾客、推销商品、扩大营业额,开始办理信用购物,向信誉较好的顾客提供分期或延期付款的优惠服务,并且逐步采取付款卡(类似金属徽章的信用筹码)的实现方式。顾客可以在这些发行筹码的商店或公司及其分号赊购商品,约期付款。在发卡之前,商店对客户的诚实可靠程度都会进行或多或少的调查了解。卡片代表着一种循环信用客户在收到付款通知后付清全部款项,商店不收取利息,在此期间形成的应收账款均有商店承担风险。付款卡为顾客带来了方便,又帮助商店促进了销售,逐步成为流行的消费购物方式。这类信用筹码后来演变成为用塑料制成的卡片,这就是信用卡的雏形。

① 中国人民银行:《2011年第二季度支付体系总体运行情况》。

二、信用卡的演变

信用卡从产生至今,经历了一个不断发展的历史进程,这个进程大致有以下几个阶段:

(一)以商业信用形式存在的阶段

这个阶段从1915年信用卡产生直到1952年金融领域开始发行信用卡,大约经历了近四十年时间。起初的信用卡与现代信用卡有很大的不同,在其产生之初,只是在商业领域使用。商人们为了达到促销的目的给信誉较好的人发一些类似于优待券的信用筹码,得到信用筹码的人凭借它可以在发给信用筹码的商号先行购买商品然后约期付款。当时的信用卡其实是一种赊购卡或赊销卡,类似于现在美国福特汽车公司的赊销卡,其发行的目的主要是增大销售量,所反映的经济关系实际上是商业信用关系。由于使用这种手段可以争取更多的顾客,商人们纷纷效仿。1920年美国石油行业纷纷推出了签账卡,供各加油站使用;1924年,美孚石油公司发行了用于加油站服务的贷记卡,凭卡可以先加油后付款,其实质乃是赊销卡。此后,发行银行卡的行业不断增多。1946年,美国获纳斯俱乐部与运通公司发行了用于旅游娱乐的专门信用卡,大莱卡也与1950年出现,并在美国的餐饮旅游娱乐行业普遍使用。到20世纪50年代初期,这种以商业信用形式存在的信用卡进入鼎盛时期。

(二)以银行信用形式存在的普通卡阶段

1952年,美国的富兰克林国民银行发行了金融零售业的信用卡,从此,信用卡进入银行领域。1959年,美国的美洲银行在加利福尼亚州发行美洲信用卡,此后,许多银行加入了发卡银行的行列。到1959年底,参与发卡的银行达到150多家。发卡机构的增多,带来了机构不统一的问题,影响了信用卡业务的发展,于是出现了信用卡联营组织。1974年,美国银行信用卡公司组织部分西方银行参加联营,成立了国际信用卡服务公司,1977年该公司开始使用VISA标志,组成了威士信用卡集团,1982年威士信用卡集团正式发行威士信用卡,成为世界上最大的信用卡组织。1966年,美国一些银行为推动信用卡发展,订立统一的标准,有富国银行牵头联合77家银行,组成了同业信用卡协会,1969年4月,同业信用卡协会更名为万事达卡集团组织,并统一信用卡标识为“万能支付卡”,1979年该卡被正式定名为万事达卡。这两大组织的出现,大大推动了信用卡的发展,特别是现代化通信手段的应用,使信用卡迅速在全球普及。到1993年,参加威士组织和万事达组织的会员银行有三万多家,各有特约商户一千多万家，网点遍布200多个国家和地区，交易额达7000多亿美元，估计目前全世界的发卡量在15亿张左右。

（三）磁性卡阶段

磁性卡产生的时间，大约在20世纪70年代初期。这个时期电子计算机在银行的应用已经较为普遍，且已在发达国家联网，这使得银行业务处理的效率和准确性都大为提高。银行业务的自动化在此基础上揭开了新的一页，AD（自动存款机）、CD（自动取款机）和ATM（自动存取款机，又称为自动柜员机）先后在美、日等发达国家投入使用。1972年3月，美国俄亥俄州的亨奇顿国民银行总行首先实行无人服务，完全靠CD和ATM办理柜台业务；1974年，日本36家银行在东京、大阪等六大城市成立日本现金服务有限公司，开始启用由200多台CD组成的"CD共同利用系统"，与此同时，美国花旗国际信托银行开始将银行计算机与商号POS终端联网。此后与银行计算机联网的ATM、POS授权终端迅速普及。到1993年，全球ATM组织有100多万台终端机在运转。终端机在我国近年发展也很快，除港、澳、台地区外，全国约有6000多台投入使用。这些先进设备和信用卡一起揭开了无现金社会的序幕，其中起着桥梁作用的是磁性卡，其背面安装有一个带有持卡人有关信息的供ATM和POS终端识别与阅读的磁条。

（四）智能卡（IC卡）阶段

智能卡是当今信用卡领域的新产品。所谓"智能卡"，实际上就是在信用卡上安装一个拇指大小的微型电脑芯片，这个芯片包含了持卡人的各种信息。这种芯片与磁条相比具有更高的防伪能力，一般不容易伪造，因而更加安全。智能卡于20世纪70年代末在法国产生，其后各国都着手研制。目前，法国是智能卡最为普及的国家，发卡量达2100多万张。我国从近年开始引进这一技术，但纵观全局，我国目前仍处于磁性卡的普及时期，智能卡因成本高、寿命短、配套设施投资大等诸多方面的限制，仍为数不多。然而由于智能卡本身具有很大优势，随着诸多技术问题和不利因素的解决，它将会在不久的将来大有作为。

第二单元　银行卡消费“陷阱”多

——高风险与高收益并存

【精讲精析】

一、银行卡消费中存在的安全风险

2008年爆发的全球性金融危机使人们意识到,应该谨慎的对待银行卡业务。《华盛顿观察》周刊曾报道,次贷危机爆发后美国银行卡坏账在2009年5月达到了历史最高点。其中,美国最大银行——美国银行的银行卡坏账率高达12.5%。而占据美国银行卡市场四分之一的美国运通公司,坏账率也上升到了10.4%。这也是美国政府在处理次级住房抵押贷款危机、金融机构流动性短缺以及汽车行业面临问题稍有眉目后,迅速将焦点转移到银行卡市场,并开始着手整顿银行卡市场的重要原因。理论与现实都已说明次贷危机产生的一个重要原因是美国社会的过度超前消费习惯,其中的一个重要载体和手段就是银行卡透支消费。在银行卡使用并不长的历史上,曾有多个国家或地区产生过银行卡危机,如韩国、中国台湾地区。其中,中国台湾地区甚至出现过卡奴不堪债务负担自杀的极端现象。我国的银行卡产业仍然处于初级阶段,银行卡产业整体竞争力与发达国家相比较还存在较大的差距,包括地区发展不平衡、持卡消费的风气尚未形成、持卡消费的安全环境机制有所欠缺、银行卡受理市场建设滞后、用卡频率与商户普及率偏低、市场化经营管理体制尚未完全建立、银行卡经营者的服务质量不高、银行卡安全风险管理能力不足等在内的诸多问题仍在阻碍着我国银行卡产业的规模化发展,并影响着我国银行卡产业参与金融全球化态势下的国际银行卡市场竞争。最为重要的是,由于目前我国银行卡安全监管机制尚未完全建立和完善,银行卡业务经营中支付风险与安全仍然存在较大的隐患,不仅制约着我国银行卡产业的发展与银行卡业务的有序开展，而且还有可能引发更为严重的金融安全问题，需要引起足够的重视并加以研究解决。

目前，我国银行卡市场上也出现了诸如“卡奴”等负面现象，由于不理性的消费行为使消费者自身陷入债务危机无法自拔的现象也越来越多，加之上述次贷危机所造成的种种后遗症，导致我国不少消费者对银行卡的使用存有误解。银行卡是一把双刃剑，如果管理不好，一方面，不仅可能导致发卡银行过度发卡，而且可能将银行卡发售给不合适的消费群体，最终引发金融危机；另一方面，如果消费者不能正确认识银行卡消费，“卡奴”等非理性消费现象将会导致不良消费行为滋长。如何正确认识我国目前银行卡市场上消费者行为等问题，是合理引导银行卡消费，促进商业银行银行卡业务发展的关键。

风险从一般意义上来讲，是指由于特定的原因与状况而出现损失的概率。银行卡安全风险则是指银行卡发卡银行、持卡人、特约商户、第三方服务提供商在银行卡发卡、使用、受理等环节上因出现非正常的情况而造成的安全隐患以及经济损失的可能性。银行卡业务是金融产业向高端业务发展过程中出现的一种集信贷、消费、转账、储蓄为一体的新兴的金融业务，其区别于传统金融业务的最主要特征就在于高风险与高收益并存，其中的安全风险始终贯穿于银行卡发行、使用、支付交易的各个环节，不仅与银行卡发卡银行、银行卡持卡人、银行卡特约商户以及银行卡第三方提供商的利益及各自的表现密切相关，而且可能由于其他方面机构、人员的介入而使得银行卡安全风险进一步加大。因此，银行卡产业的管理者与参与者们必须充分认识到银行卡安全风险存在的现实可能性，理智地应对银行卡安全风险，通过对银行卡安全风险卓有成效的管理化解风险，以实现高风险伴随下的高收益。

（一）银行卡外部风险

银行卡发卡银行、收单银行在银行卡业务经营活动中由于来自银行卡持卡人、银行卡特约商户以及其他人员等方面的外部原因而引发的安全风险可以归纳为外部风险。这类风险大致包括以下几种：

1.信用风险

信用风险是指持卡人因为违反银行卡章程，非善意透支或信用状况下降所造成的风险。我国银行卡具有的无担保循环信贷以及银行卡贷款的非计划性、无固定场所、授贷个体多、单笔金额小等特点，决定了银行卡业务是一项高风险信贷业务。2005年人民银行正式推出的个人银行信贷征信系统给各发卡机构提供了一个良好的平台，发卡机构借助这个平台，能够加强对银行卡申请人个人信用情况的了解,有利于减少欺诈交易的发生。众所周知,银行卡交易是以信贷消费为主要特征而存在的一种消费形式,其是以商业银行对银行卡持卡人的授信为前提的,这一特征决定了银行卡消费贷款具有无抵押以及循环贷款的特性,商业银行将自己的资金以贷款的方式主动提供给无须提供个人财产进行抵押或者担保的银行卡持卡人使用,同时也就意味着商业银行正在承受着信用风险。当持卡人由于失业、破产、丧失收益能力等非自身意愿的原因,导致经济状况发生恶劣变化,或者因为迁徙、出国等原因,致使发卡银行无法与持卡人取得有效联系,或者恶意置个人信用于不顾,违约拖欠、逃避偿还银行的信贷资金,都有可能给发卡银行造成超过预期的财产损失,其结果自然是资金追索难度加大、安全风险系数增加,发卡银行的资金安全无法得到保障。因此,信用风险是发卡银行最难以逃避的一种风险。

2.伪冒风险

在银行卡发卡或者使用的过程中由于假冒行为的出现致使银行卡经营、交易的真实性丧失而引发的安全风险。伪冒风险具体又可以分为以下几种情形:

(1)虚假申领。是指行为人在向发卡银行申请取得银行卡的过程中故意虚构自己的身份或者使用虚假信息资料,提出申领银行卡的虚假申请,骗取银行卡发卡银行的信任,以骗领银行卡的行为。在实践中,行为人向发卡商业银行提出骗领银行卡的虚假申请,主要有两种情况:一种是有意隐瞒自己的身份情况,致使发卡银行无法掌握自己准确的身份信息;还有一种则是出于其主观上所具有的某种非法的意图,试图通过向发卡银行骗领银行卡后实施恶意透支或者非法套现等违法甚至犯罪活动,并使发卡银行由于未能掌握自己准确的身份信息而逃避应当承担的责任。但无论属于哪种情况,行为人在向发卡商业银行提出领取银行卡申请的过程中或者是提供的本人或担保人的身份证明虚假,或者是在申请表上填写的信息资料虚假,或者是使用虚假的证明材料或虚假加盖印章,等等,并使其中的虚假成分足以以假乱真,造成发卡商业银行难以判明真假,从而将银行卡发放给提出虚假申请的行为人,都会酿成银行卡安全监管中的风险隐患。

(2)伪造银行卡。行为人使用虚假信息或通过购买、窃取等方式获取他人信息,利用高科技手段或与银行内部工作人员勾结非法加工、制造银行卡,并进行欺诈等犯罪活动。如利用科技手段盗取持卡人的银行卡资料,然后伪造银行卡作案,内外勾结作案、虚假挂失和冒用客户资金等。行为人伪造银行卡主要是为了以假充真使用，以骗取财物，或者出售给他人假冒使用，从中谋取非法利益，因此行为人主观上具有非法占有他人财物的目的，他们或者采取对空白银行卡凸印、写磁等方式制造银行卡，或者对通过各种非法方式取得的银行卡的凸印、磁条内容进行修改，重新加工制作银行卡，或者将他人丢弃或已经作废的银行卡重新写磁，加工制作银行卡，或者将他人合法拥有的银行卡上的签名加以涂改，重新签名使用，等等。从实践来看，伪造银行卡的行为多是有组织地实施的，具有批量性、制作隐蔽、科技含量高、难以识别的特点。行为人伪造银行卡后，无论是自己使用，还是由本犯罪组织的其他成员使用，或者是销售给他人使用，都会危害到正常的银行卡交易活动和安全使用秩序，给金融机构或者其他银行卡持卡人造成财产上的损失。

(3)冒用银行卡。是指行为人冒用合法持卡人的身份，将捡拾、窃取的他人银行卡冒充自己的银行卡使用的行为。行为人冒用银行卡，主要是将他人合法、有效的银行卡冒充其本人的银行卡使用，如模仿他人银行卡上的签名冒充使用，或者持他人银行卡在ATM机上提现操作，或者在网上邮购、订购、交易的过程中冒用他人的银行卡信息获取利益，或者以各种非法的方式取得他人银行卡使用密码以及银行卡信息资料，制作伪卡后冒充他人签名使用。冒用银行卡的行为虽然主要是给银行卡的合法持卡人造成经济上的损失，但也破坏了银行卡使用的安全环境，加大了银行卡安全风险以及银行卡发卡银行的银行卡安全监管难度。

3.市场风险

银行卡持卡人或者银行卡特约商户在银行卡市场交易的过程中违规使用银行卡，或者从事非法交易而引发的安全风险。市场风险具体可以分为以下三种情形：

(1)恶意透支。是指行为人使用银行卡进行透支消费，超过规定的限额，或者超过规定的期限，经发卡银行催收仍然不予归还的行为。银行卡持卡人持银行卡在发卡商业银行授予的信用额度内进行透支消费，是银行卡信贷消费功能的集中体现，也是银行卡消费较之其他金融消费方式更具优越性的一种突出表现，但在实践中，一些怀有不良动机的行为人却不顾自身的经济实力与偿还能力，甚至利用发卡银行对其的信任，明知自己的透支已经超过规定的限额或者超过规定的期限，但为非法占有发卡银行的财产，仍然大肆持卡透支，并在发卡银行催促偿还的情况下置之不理，对透支欠款不予归还，从而损害发卡银行的利益，给发卡银行造成经济损失。允许银行卡持卡人透支消费，会给发卡银行带来较高的经营收益,同时也意味着发卡银行可能承担较高的安全风险,发卡银行必须认识到这种安全风险存在的客观性,并且做好应对这种风险的各种准备。

(2)违法套现。是指行为人利用发卡商业银行允许的透支免息期,不在正常的银行柜台或者ATM机按照规定的限额提取现金,而是通过与特约商户或网上商户之间虚构交易活动,或者通过不法中介公司,使用银行卡套取巨额现金,给银行资金造成安全风险的行为。在实践中,一些银行卡持卡人出于自身的某种需要,如投资楼市、股市,做生意,甚至是从事某种违法活动,在资金不足的情况下,打起使用银行卡允许透支提现的主意。由于受银行卡允许提现额度的限制,这些人或者串通一些不法特约商户,或者在网上进行虚拟交易,或者直接将所持银行卡交给一些不法中介公司,以现实中并不存在的交易活动掩饰套取大额现金,致使银行卡提取的现金数额远远超出发卡银行所设定的允许提取现金的数额限度。这种行为的结果是银行卡持卡人与从事虚拟交易的商户、协助套取现金的中介公司均从中受益,而一旦套取现金的持卡人由于经营亏损或者某些原因,无力偿还套取的现金,则将给发卡银行造成巨额的损失,危害到发卡银行的资金安全。

(3)特约商户经营风险。是指银行卡特约商户在为银行卡持卡人提供支付交易服务的过程中违规操作,或者从事非法交易,给银行卡发卡银行或银行卡持卡人造成安全风险隐患的行为。在实践中,一些银行卡特约商户在与银行卡持卡人进行交易的过程中违规操作,或者不认真审查、核对银行卡持卡人签名等相关合法有效信息,使持伪造银行卡、冒用他人银行卡骗取财物的欺诈活动得逞,或者为银行卡持卡人从事恶意透支、非法套现等违法活动提供种种便利;有些特约商户更是利用银行卡交易的便利条件,或者窃取银行卡持卡人的信息资料非法出售牟利,或与银行卡犯罪团伙相互勾结,将所窃取的他人信息资料交付用于伪造银行卡,或者与其他特约商户、持卡人密谋策划,直接实施银行卡套现的违法活动。一些特约商户在经营活动中从事损害银行卡持卡人或发卡银行利益的行为,使银行卡消费环境进一步恶化,银行卡安全风险的概率进一步加大。

(二)银行卡内部风险

银行卡发卡银行、收单银行在银行卡业务经营活动中由于来自违反安全监管制度,违规操作,或者疏于内部安全监控,致使内部工作人员违法犯罪等方面的内部原因而引发的安全风险可以归纳为内部风险。

1.操作风险

操作风险是指由于不完善或有问题的内部系统程序以及银行卡发卡银行、收单银行的违规操作,或外部事件而造成损失的风险。由于银行卡业务所涉及的业务关系主体较多,受理渠道多样,操作流程较为复杂,极易出现操作风险。如银行在进行客户资信审查时因为工作人员的疏忽或内部控制机制的不完善而带来的风险;在业务执行、传递及过程管理中由于银行自身的失误所造成的损失,比如银行卡软件系统中有关的资金清算系统不健全、不稳定导致的银行卡消费、存款或取现存在重复入账、丢账等现象所带来的资金损失风险。银行卡经营中的违规操作虽然可能给银行卡经营单位带来一时的高收益,但同时也可能加大银行卡经营风险,给银行卡安全监管造成不利。

2.监管风险

银行卡经营单位疏于内部安全监控,管理松懈引发的监管风险。实践中,有个别银行卡经营单位无视规章制度和安全监管的要求,在银行卡业务经营的一些环节上疏于管理,内部安全监控措施执行不力,或者根本就不予执行,致使内部个别不法分子有机可乘,他们或者与社会上其他银行卡违法犯罪分子相互勾结,或者自己独立作案,从事窃取他人银行卡信息资料销售牟利或伪造银行卡的违法犯罪活动,或者通过非法授权、删除或者更改电脑资料、支付凭证等骗取银行或他人财物等等。银行卡内部风险是伴随着商业银行银行卡经营业务的开展而出现的安全风险,是我国银行卡安全监管中不可忽略的内容,必须强化管理,并力求通过内部安全监管措施的健全和完善应对与化解。

二、引发银行卡消费安全风险的因素

我国银行卡产业的安全风险存在于银行卡产业发展的整个过程中,这是因为银行卡业务本身就是高风险与高收益始终相伴的一项金融业务,银行卡的安全风险总是伴随着银行卡产业的发展而存在,与银行卡业务经营的各个环节紧密联系,而由于各个经营环节以及经营内容的不同,导致银行卡安全风险的因素也不同。

(一)银行卡发卡门槛条件过低潜藏安全隐患

促进银行卡产业规模化发展的手段之一无疑在于需要不断地扩大银行卡的客户群体,使更多的人接受信贷消费的理念,愿意持银行卡消费。这就需要把握住银行卡所具有的特性,充分发挥银行卡消费所具有的优势,促使银行卡业务逐渐、全面渗透到公民个人的金融业务中,努力实现银行卡对现金的个人业务替代以及银行卡在普通人群中的普及。国内发卡机构普遍把银行卡业务作为金融业务创新的增长点,在银行卡发行问题上以发卡数量作为"业绩"考核的主要标准,片面追求发卡数量,导致重数量而不顾质量,在发卡手续不断简化的同时随意降低发卡的门槛条件,对潜在的危机重视不足,从而带来银行卡安全隐患等问题的出现。诸如某些银行卡发卡机构单纯为了追求银行卡的发行数量(所谓销售业绩)、扩大银行卡持卡群体的规模和范围,不仅盲目将高风险群体扩展为银行卡发卡对象,向收入不稳定人群甚至没有固定收入的青少年、在校大学生发放银行卡,埋下信用风险隐患,而且在发卡环节上违规操作,对银行卡申领人提交的银行卡申请材料不做严格审查,有的申请人随便提交1张身份证或者工作证复印件就给予办卡,甚至委托中介机构也可以代为办卡,由此也出现了不少使用假身份证申请办卡,通过亲戚、朋友、同事等各种关系办卡的情况,以至于银行卡频频被骗领,使本来具有信贷消费功能并且较之现金使用安全系数相对更高的银行卡演变成为某些人手中掌控的用于危害银行卡交易安全秩序、实施银行卡违法犯罪活动的工具。

(二)"黑中介"代为办卡使银行卡申请人落入"陷阱"

随着国内银行卡发卡机构发卡速度的加快以及消费市场对银行卡需求的增加,在我国银行卡市场上也冒出了大批号称能够提供办理"小额贷款申请""快速融资""贷款绿色通道"等融资项目的社会中介机构组织,这些机构组织以"简化手续""代理办卡"为名,为银行卡申请人提供所谓的"代理办卡"服务。而事实也证明了,有相当一部分这样的中介机构组织其本质就是以"代理办卡"为名,行为办卡申请人设置办卡"陷阱"、从中骗取资金、损害银行卡申请人合法权益之实的"黑中介"。而这些"黑中介"在"代理办卡"的过程中,有的为了从银行卡申请人那里获取"手续费""代办费"等,随意编造各种申请人的虚假个人资料,通过各种渠道取得或直接编造假收入证明、假身份证件等证明材料,再利用其与发卡机构中某些工作人员之间的关系为申请人领取银行卡,其在发卡机构中留下的持卡人的个人信息资料则无任何真实性可言。这样一来,导致发卡银行在银行卡恶意透支后难以找到真实的持卡人,从而加大了银行卡发卡机构的银行卡经营风险。

此外,不少"黑中介""代理办卡",其真实意图并非从中获取"代理办卡"的中介费用,而是使用银行卡套取现金,危害发卡商业银行资金安全以及银行卡交易安全。实践中一些"黑中介"之所以不遗余力地穿梭于各个商业银行网点以及公共场所之间,向一些不明真相的人大肆推销银行卡"代办"业务,目的就在于获取银行卡申请人的各种信息资料，利用他们在发卡银行内部建立起来的“关系”为申请人办理多张银行卡，再通过与其有“业务往来”的一些银行卡特约商户套取现金，然后向银行卡申请人收取高额的提取现金“佣金”或“手续费”，从中牟取非法利益；更有甚者表面上似乎是为申请人“代办”银行卡，但在获得发卡银行发放给申请人的银行卡后并不交给申请人，而是利用申请人提交的个人信息资料，使用这些银行卡直接从自己或者某些“关系单位”设立的POS机或银行的ATM机上刷卡提取现金，然后携款逃之夭夭，将偿还银行贷款的责任留给银行卡申请人承担；或利用申请人提供的个人信息资料从商业银行骗取贷款，不仅给申请人造成经济上的损失，而且还使申请人莫名其妙地成为银行“骗贷黑名单”上的一分子，终生背上信用不良的污点罪名。

（三）银行卡持卡人信息泄露致使银行卡安全无保障

1.银行卡持卡人用卡安全观念欠缺，思想麻痹，“主动”泄露个人信息资料。

（1）委托他人代为办卡，将个人信息资料全部“公开”。如前所述，社会上一些中介机构钻某些商业银行发卡程序不规范、资料审核不严格的空子，利用其与某些发卡商业银行工作人员之间的关系，或者“买通”个别商业银行工作人员，开办“代为办卡”业务，招揽银行卡申请人，从而获取申请人的个人信息资料，而其中的一些“黑中介”在获取了这些信息资料后直接用于制造伪卡，用于骗取银行贷款、资金，将偿还贷款、资金的责任转嫁给银行卡申请人。

（2）在用卡过程中不采取任何安全保密措施。一部分银行卡持卡人选用极易被破译的数字作为银行卡密码以及在银行卡使用过程中缺乏安全防范意识，未能采取安全、有效的保密措施，客观上使银行卡持卡人个人信息资料泄露的危险性加大。

（3）随意委托他人持自己的卡进行支付交易，“主动”泄露个人信息资料。有的持卡人在使用银行卡进行支付结算交易的过程中麻痹大意，轻信他人，出于对他人的“信任”，将自己的银行卡随意交给他人，同时将银行卡密码、签名等有关信息告知他人，让他人代为刷卡支付，实际上等于把密码和其他信息资料“主动”透露给了别人，这就使得一些不法分子有了获取持卡人信息的可乘之机，从而为实施窃取持卡人财产或伪造银行卡等犯罪活动提供了机会和条件。

（4）随意丢弃记载银行卡信息的各种凭条、凭单，无意识地泄露个人信息。如有些银行卡持卡人在ATM机、POS机上进行转账或支付交易操作后，将机器打印出来的记载着各种银行卡相关信息以及交易信息的凭条、凭据不予妥善保管,随意丢弃在机器旁或者路边、公共场所等处,使不法分子轻而易举地获得了持卡人的信息资料。

(5)轻信骗子,在毫无觉察中泄露个人信息资料,或直接给个人财产带来损失。生活中出现的大量银行卡诈骗案件中有相当一部分诈骗犯罪分子利用持卡人的麻痹心理,采取各种欺骗手法骗取持卡人的信任,使持卡人在不知不觉中上当受骗,"自动"将个人的相关信息资料泄露给诈骗犯罪人的。例如,一些犯罪分子事先在ATM机上安装自制的吞卡装置,并在ATM机旁张贴出现吞卡现象后需要联系的"银行值班员"电话号码的告示。当持卡人持卡在ATM机上进行存取款或转账操作时,其卡片即被犯罪分子事先安装的吞卡装置吞入。由于一些持卡人急于解决处理此问题,即按照告示中提示的"银行值班员"联系电话进行联系,此时,犯罪分子以"银行值班员"的名义在电话中与持卡人交谈、在"引导"持卡人进行操作的过程中诱骗、套取持卡人的卡片密码以及其他个人信息资料,然后迅速转移持卡人卡上的存款或透支取现,或者收集持卡人信息资料伪造银行卡。又如,有些犯罪分子在ATM机周边事先安装窥测装置,再以银行的名义在ATM机旁张贴所谓的"紧急通知",声称"因我行进行程序调试,取款方式有所变化。请持卡人取款时先将款项转账到我行指定的银行卡账号里(账号为:×××××××××××),然后按照屏幕的提示进行取款操作"等等。而实际"指定的账号"就是犯罪分子自己的账号。由于一些持卡人盲目轻信,使其在按照"紧急通知"的内容要求进行操作时不知不觉地将自己的款项直接转到了犯罪分子的账号上,或者在按照"提示"进行操作的过程中被早已守候在旁边的犯罪分子或犯罪分子事先安置的窥测装置拍摄到持卡人的个人信息资料。

2.犯罪分子采取各种手段窃取持卡人信息资料。

(1)尾随银行卡持卡人,在银行卡持卡人办理银行卡业务或者持银行卡交易时窥测密码等相关信息,实践中甚至还出现了一些不法分子持照相机在商场等公共场所趁持卡人使用银行卡交易时拍照,从而获取持卡人的银行卡信息。

(2)玩弄一些相当拙劣的骗术,如以交易为名,利用持卡人的麻痹心理,骗取持卡人的信任,从而直接获取持卡人的信息资料,如上述以冒充银行张贴假布告的形式取得持卡人的卡号密码和其他信息。

(3)通过秘密窃取的手段窃取他人银行卡,或者捡拾他人有效银行卡后,通过人工或者机器对窃取或捡到的银行卡进行密码破译,由于持卡人中有不少人是选择其生活中的相关数字作为银行卡密码的，所以被破译的可能性极大。

(4)通过研究、开发一些高科技手段并将其运用到犯罪中，以具有“科技含量”“智能含量”的手段窃取持卡人的信息资料。如前述制作吞卡装置，将其安装在ATM机上，再辅之以其他行骗手段获取持卡人信息资料。现实生活中将高科技手段运用到窃取银行卡持卡人信息资料上的伎俩还有：将装有集成电路的假键盘粘盖在ATM机的真键盘之上，持卡人在ATM机上使用键盘进行操作时，卡密码即被记录下来，当持卡人疑惑机器操作失灵、卡片取不出来、离开去找银行工作人员解决时，等候在一边的犯罪分子迅速输入所窃取的正确密码，将持卡人遗留在ATM机内的卡片中的存款或透支款项取走；在ATM机上安装微型摄像头窥视持卡人的操作过程，将持卡人的卡号、账号及输入的密码等信息资料记录下来；在自助银行的入门上安装带有记录功能的门禁装置，利用自助银行入门刷卡的规则或者冒用银行的名义提示持卡人入门刷卡，趁持卡人入门刷卡时记录下持卡人的卡内信息，再设法窥测持卡人在ATM机上的操作密码；采用特殊的技术手段接入ATM机的通信网络，混入银行系统，侦听ATM机与金融网络中心的通信信息，获取银行卡卡号、密码以及交易类型等相关信息；采用特殊的技术手段在银行卡客户刷卡、银行卡资料通过电话线路传输到银行的过程中，从电话线路中截取银行卡的数据信号，再将截取的信号转换成可识别的资料等等。

(5)利用POS机终端操作，窃取持卡人卡号、密码或签名等信息资料。有少数银行卡特约商户或特约商户的工作人员职业操守不强，为贪财图利，趁银行卡持卡人在特约商户刷卡消费之机，在POS机上做手脚，如把盗录机连接在POS机上，利用在POS机上的操作，盗录窃取持卡人的卡号、密码以及签名等信息资料，然后与其他不法分子相互勾结伪造他人银行卡实施犯罪活动。此外，还有通过其他的方式窃取他人信息假冒办卡的。

3.少数商业银行工作人员在银行卡业务操作过程中过失泄露持卡人信息资料，为他人掌握持卡人信息资料、实施伪造银行卡等犯罪活动提供了机会，这类情况的出现多是由于银行工作人员操作风险意识不强，或者业务能力欠缺所致。

(四)网上银行系统安全问题带来银行卡网上支付风险

安全是网上银行最核心、最永恒的话题。随着网络技术逐渐应用于金融业务的各个领域、各个环节，加强网络信息与系统的安全建设成为保障银行卡行业稳定发展和运营的一个关键问题。而当前无论是在国际上还是在我国国内,银行卡支付的网络信息和系统安全环境都面临着严峻的挑战,时刻威胁着银行卡行业持续、稳定、快速、健康发展的目标,进而威胁着社会金融安全秩序。这是由于在网上银行运营中,由信息网络系统辨认的银行卡取代了现金,一定面值的货币成为通过网络系统的一定信息量的信息图案,流通中的货币不再是纸币或银币,而是由网络系统处理的磁迹数码,这就为网络犯罪分子提供了极富吸引力的犯罪目标。而对于因科学技术发展催化了的网络超级“黑客”们来说,破译各家银行的网络运行程序和密码、截取银行卡客户网上支付交易的信息资料早已不是什么难事,国外网上银行被“黑”的事件屡有发生。网上银行信息系统安全的风险主要来自于三个方面:系统运行过程中自身的漏洞;银行内部工作人员的误操作与违规操作;外来病毒对应用系统的威胁、攻击与违法访问。而就犯罪分子而言,主要是通过采取科技手段对网上银行支付交易进行侦测,或者在一些银行卡用户的电脑中植入病毒程序,盗取网上银行用户的账号和密码,然后用于制造伪卡、实施银行卡诈骗犯罪活动,或者直接划走网上银行用户的资金,造成网上银行用户的财产损失,从而引发网上银行用户的恐惧和对网上银行安全问题的忧虑。

(五)个人征信系统缺乏“诚信”保障

1.个人征信系统建设缺乏一套完整、完善的法律规范和保护体系。

个人征信系统建设涉及各方面的利益,其相关信息资料的采集、公开、使用甚至个人隐私权的保护等,都不能离开国家法律的规范和支持。目前的问题是,在建立社会征信体系的过程中,许多公民个人信息资料的采集都是在当事人不知情的情况下进行的,信息资料采集、使用过程中各方当事人的权利、义务完全处于不对等的位置,有些涉及公民个人隐私的信息也被掌控方公开披露,甚至有可能被出售牟利,使公民个人感到难以接受。因此,目前必须尽快建立一套完整、完善的法律规范和保护体系,明确社会征信系统建立以及信息资料使用过程中所涉及的各方当事人的权利与义务,以避免由于公民个人处于弱势地位而导致权利受到侵害。

2.个人征信系统内信息差错率较高。

据相关资料显示,目前我国个人征信系统中资料数据的差错率是比较高的,导致这种情况出现的原因有几个:公民个人在办理贷款、银行卡等金融业务时向银行提供了不正确的信息,甚至是故意隐瞒了个人真实的信息,如使用假身份证明、假姓名办理业务;一些不法分子盗用他人的名义办理信贷银行提供了不正确的信息，甚至是故意隐瞒了个人真实的信息，如使用假身份证明、假姓名办理业务；一些不法分子盗用他人的名义办理信贷或其他金融业务，提供的个人信息具有虚假成分；银行工作人员在录入信息的工作中疏忽大意，出现技术性的错误；采集信息的渠道不畅或有误，致使采集入库的信息有误。

3.个人征信系统信息“滞后”，更新能力偏低。

目前银行征信系统中信息资料“滞后”的现象极为明显，如有些人已经向银行偿还了消费贷款，但系统却依然长时期保留着尚未偿还贷款的不良记录；实践中有些银行卡持卡人因出差、出国等原因而暂时无法偿还贷款，或因一时疏忽而忘记偿还贷款，并非本人恶意所为，由此造成了个人征信系统中不良记录的存在。事后虽然已经采取了积极有效的措施加以弥补，却在征信系统中没有得到反映或体现。据了解，目前国内对于不良记录多长时间可以消除，尚无明确的规定。

(六)银行卡套现交易引发交易风险

1.不法“金融中介”违法套现，持卡人在支付相应手续费后获取套现资金。

目前，不法中介公司为银行卡持卡人非法套现已经形成行业性规模，不仅“生意”做得红红火火，有的中介公司甚至开始挑三拣四地“选活儿”，自言不愁没有“生意”。[①]以这种方式为持卡人提供套现服务的中介公司相对来说还是“比较规矩”的，这些公司以“开展经营活动”为由，向银行申请布设安装POS机，但实际根本不从事经营活动，POS机专门用于接受持卡人的银行卡套现。在使用持卡人的银行卡在透支额度的范围内刷卡套现时，一般是按照1%到3%的比例收取手续费，而将套现获取的资金交给持卡人，只是这些公司有时会极力“鼓动”持卡人超过发卡银行允许的透支额度套现，对这部分套取的现金往往需要收取15%以上的手续费，而这类套现的最终结果只能是由持卡人自己一次或分期偿付套现款项。据了解，这类中介公司中有些套现的资金额度甚至可以达到每天数十万元。

2.网上电子商户利用支付网站通过虚假交易活动套现。

3.持卡人、“黄牛党”[②]、商品供货商相互勾结，以虚假经营活动掩盖套现勾

①参见《信用卡非法套现猖獗》，载《北京晚报》，2009年4月29日。

②“黄牛党”俗称“票贩子”，在北京行话叫“拼缝儿的”，而上海人称之为“黄牛党”，还有更形象的比喻把这类人称之为“票虫儿”。就现象而言，它被定义为“恃气力或势力，采购物资及票务凭证后高价出售以图利”，因此老百姓对之深恶痛绝，甚至从某个层面上直接导致了春运期间的“买票难”问题。

当。首先,持卡人以购买家用电器为名到某家电经销专卖店,刷卡支付款项后获得经销商场开具的提货单,将提货单转手卖给“黄牛党”,再由“黄牛党”将提货单卖给家电的供货商,最后再由供货商将提货单卖给其他家电经销连锁店,由这些家电经销连锁店提货后再次销售。这样一圈转下来,所有参与“经营”活动的个人和单位之间都以现金交易结算并从中获得利益,而银行即使对此“经营”活动有所怀疑,但要想查清楚也很难,最终的风险承担者只能是银行。

4.不法分子以测录方式制作伪卡、假卡,专门从事套现活动。

近年来,境内外不法分子以测录的方式制作伪卡、假卡,专门从事违法套现的活动愈加猖獗,并且成为危害最为严重、最易引发金融安全风险的一类违法犯罪活动。其具体表现方式为:不法分子在POS机或ATM机上先行设置安装自制的读卡器,一旦持卡人在消费交易时使用银行卡在这样的POS机上刷卡,或者在这样的ATM机上进行交易、转账、存取款等业务操作,卡内信息自动被读卡器所记录盗取,最终被不法分子制作成伪卡、假卡,专门用于提取现金,而因提取现金所欠付银行的需要偿还的债务则转嫁给了银行卡持卡人。据有关方面介绍,制作伪卡套取现金的具体操作流程大致上是这样的:消费者持卡消费时在POS机上刷卡—被事先在POS机上设置的读卡器读取信息—电脑破译信息—由伪造者在制卡机上制作伪卡—将伪卡提供给专人—由专人负责刷卡提现。有时不法分子还会以“开展经营活动需要”为名注册公司,向银行申请布设POS机,专门用于配合套现。

(七)内部工作人员违规操作或与不法分子相互勾结引发安全风险

实践中,除由于发卡商业银行内部工作人员违反银行卡业务操作规程和规章制度,从而给发卡银行带来资金损失的安全风险外,更为严重的还有发卡商业银行内部的少数工作人员利用内部疏于安全风险的管理和防范,钻内部管理制度上的漏洞,与他人内外相互勾结、串通作案,实施各种银行卡犯罪活动,给发卡银行或者其他银行卡持卡人造成资金损失的安全风险。而在后一类情况下,实际上是银行内部工作人员本人利用了接触或者直接从事银行银行卡业务工作的便利,为自己实施银行卡犯罪创造条件。

1.发卡银行工作人员违反银行卡管理规章,不顾银行卡安全风险警示,对银行卡申请人提交的银行卡申请资料及相关文件不按规定严格审核,敷衍了事,随意向申请人发放银行卡。

2.发卡银行工作人员违反银行卡管理规章,为追求高额利润而忽略对银行卡使用的安全风险管理,不顾持卡人的信用状况、经济实力进行违规经营,随意扩大银行卡持卡人的授信透支额度,甚至与持卡人之间在私下里搞协议透支,致使持卡人大肆透支或提取现金后无力偿还银行的透支债务,甚至使持卡人逃避透支债务的偿还,给发卡商业银行造成资金损失,引发资金风险。

3.发卡银行工作人员利用发卡银行内部管理松懈、管理规章不健全、内控机制不完善或者其他管理漏洞以及自身职务的便利条件,直接实施内部作案,或者与社会上的不法分子相互勾结,从事银行卡违法犯罪活动,给发卡银行或者其他银行卡持卡人造成重大经济损失。这类行为常见的具体表现大致有:利用工作便利盗取他人银行卡资料或密码,为进一步实施银行卡犯罪创造便利条件;通过更改、变造交易凭证、电脑资料等实施银行卡诈骗犯罪;故意超越自己的权限范围向他人授信,或删除、修改授权记录,与他人勾结造成本行资金损失;将非法获取的各种银行卡信息资料以及电脑程序资料、密码编译资料等提供给不法分子用于制作伪卡或网上银行交易,给银行资金或其他持卡人造成资金安全风险,从中获取非法利益。

(八)银行卡犯罪日趋猖獗严重危害银行卡安全

近年来,随着我国银行卡产业的不断发展以及高科技手段的不断创新和应用,银行卡犯罪的数量成倍高速增长,犯罪手段花样翻新,银行卡犯罪形势日趋猖獗,不仅严重危害了社会主义市场经济秩序和我国银行卡产业的稳定、健康、有序发展和银行卡安全,更为严重的是,银行卡犯罪已经成为直接威胁国家金融安全的主要犯罪形式。据统计资料显示,我国目前因银行卡犯罪所造成的经济损失每年都达数亿元之多,并且由于犯罪分子在银行卡犯罪中使用了一些高科技的技术手段,给有关部门侦测、监控以及公安机关破案都带来一定的难度,由此也导致了银行卡犯罪案件破案成本的大幅度上升。而对于银行卡使用所面临的这样一种复杂、严峻的环境,社会公众对此的了解和认知程度却明显显得不足与欠缺。在大多数社会公众中,对我国现阶段银行卡违法犯罪的基本情况知之甚少,这说明我国银行卡产业相关部门,在不断加大银行卡产业发展力度、强化银行卡使用功效的同时却忽略了对社会公众全面认识银行卡使用整体环境的引导,从而导致对银行卡违法犯罪活动有效警示和防范措施的缺失。这也是我国近些年银行卡诈骗犯罪猖獗、上当受骗者众多的一个主要原因。银行卡犯罪大致分为以下三种类型。

1.银行卡诈骗犯罪。

银行卡诈骗犯罪是指以非法占有为目的,利用他人或者伪造的银行卡实施的骗取公私财物的行为。实施银行卡诈骗犯罪的行为人主要是利用各种伪造的、有效的或者作废了的银行卡实施骗取财物、恶意透支或者大量提取现金等犯罪活动。银行卡诈骗犯罪的主要行为特征之一在于使用银行卡实施诈骗犯罪活动的持卡人本人并非合法、有效的银行卡持卡人,其实施诈骗犯罪的真实意图在于利用他人的银行卡或者伪造的银行卡非法占有本属于他人的或者公共的财物,将因其犯罪所造成的经济损失转嫁于他人,危害到他人的财产性利益或者资金安全。这类犯罪的主要表现方式主要有:

(1)采取各种方式骗取、盗取银行卡持卡人的有效信息,伪造银行卡实施骗取财物或者提取现金等犯罪活动;

(2)采取各种方式骗取、盗取他人真实、有效的银行卡,冒充银行卡持卡人实施骗取财物或者提取现金等犯罪活动;

(3)冒用他人的身份证明申请领取银行卡,实施骗取财物或者提取现金等犯罪活动。在我国的司法实践中还出现了有的不法分子利用其所掌握的他人的信息资料,如地址、身份证号、银行卡密码等,将他人已经在银行注销了的银行卡申请恢复使用,实施骗取财物、恶意透支等犯罪活动的情况。

2.银行卡信用犯罪。

银行卡信用犯罪主要是指犯罪分子信用缺失,在申请取得商业银行发放的银行卡后利用银行卡实施占有信贷资金、恶意透支或者大量提取现金等犯罪活动。银行卡信用犯罪的主要行为特征之一在于使用银行卡实施信用犯罪活动的持卡人本人多为银行卡的合法、有效持卡人,其实施信用犯罪的真实意图在于将银行卡作为工具占有属于商业银行的各种资金,将因其犯罪行为所造成的经济损失转嫁给发放银行卡、提供信贷资金的商业银行。这类犯罪的主要表现方式有:

(1)使用假身份证明申请领取多张银行卡,实施恶意透支、大量提取现金等犯罪活动;

(2)使用本人真实、有效的身份证明在申请领取银行卡后,实施恶意透支、大量提取现金等犯罪活动;

(3)在取得商业银行发放的银行卡后不顾及自身的经济实力和贷款偿还能力,大肆透支消费,在无力按时足额偿还信贷资金的情况下,恶意逃避商业银行对信贷资金的偿还追欠。

3.妨害银行卡管理犯罪。

妨害银行卡管理犯罪是指违反国家银行卡管理制度,妨害正常银行卡管理活动的犯罪行为。妨害银行卡管理犯罪的主要行为特征在于实施这类犯罪活动的行为人并非直接通过其行为给公私财产造成经济损失,但却通过其行

为给银行卡的正常管理秩序和公私财产的安全带来潜在的威胁,造成银行卡安全监管的难度加大。这类犯罪的主要表现方式有:

(1)明知是伪造的银行卡而持有、运输,数量较大;

(2)非法持有他人的银行卡,数量较大;

(3)使用虚假的身份证明从发卡银行骗领银行卡;

(4)出售、购买、为他人提供伪造的银行卡或者以虚假的身份证明骗领的银行卡;

(5)窃取、收买或者非法提供他人银行卡信息资料。

(九)银行卡特约商户的麻木与冷漠加大了银行卡安全风险概率

在银行卡交易关系中,特约商户作为其中至关重要的一方当事人,不仅起到平衡银行卡发卡机构与银行卡持卡人之间关系的作用,而且往往还决定着信贷消费关系中风险发生的概率,这是因为银行卡本身所具有的基本属性功能,如转账结算、信贷消费等都是围绕着银行卡持卡人与特约商户之间的交易行为展开,通过特约商户为银行卡持卡人提供商品或者服务的活动实现的,而在信贷消费过程中所发生的收益风险也是由特约商户转移给发卡机构的。因此,特约商户在银行卡消费交易过程中是否认真负责、其职业道德操守如何、守法与否以及其安全防范意识如何,都可能对银行卡安全风险出现的概率产生影响。在现实中,我们必须承认绝大多数银行卡特约商户的行为表现无可挑剔,正是由于这些特约商户的存在,促进了我国银行卡产业规模的发展,活跃了银行卡市场的交易活动,所以,他们也是保证我国银行卡产业稳定、健康发展的一支生力军。但与此同时,我们也不能不看到,极少数银行卡特约商户出于贪财图利动机与社会上的其他不法分子相互勾结,在银行卡交易活动中损害持卡人和发卡机构合法权益的行为在现实中也并非是极个别的,如前述通过POS机盗取银行卡持卡人信息,为制作伪卡、实施银行卡诈骗犯罪提供条件,或是协助不良信用的银行卡持卡人利用POS机违规提取现金等等。这些行为本身就扰乱了银行卡市场交易秩序,干扰了对银行卡经营活动的安全监管,成为引发银行卡安全风险的重要因素。此外,少数银行卡特约商户为图一时的利益而无视银行卡交易规则,违规操作,在某种程度上也助长了不法分子实施银行卡违法犯罪活动的嚣张气焰。

三、谨防银行卡消费风险

(一)在简化银行卡发卡手续的同时严格银行卡发卡门槛条件

1.必须正确处理好普及发展与化解经营风险、防范安全隐患的矛盾。要做到银行卡持卡客户群体既向面上扩展,又有效防范因此而可能引发的种种风险与危机,就需要在不断简化银行卡发卡手续的同时,规范银行卡发卡程序,严格银行卡门槛条件,将发展银行卡客户群体的目标主要锁定在有固定经济收入来源、经济实力较强、信用度较高的人群,坚决杜绝为追求数量而不顾质量的盲目发卡行为,使银行卡的发卡环节成为防范银行卡风险与安全隐患、强化银行卡安全监管的头一道有效关卡。

2.在国内银行卡市场发展问题上,必须特别警惕和防止超常规盲目发卡,要采取各种有效措施避免"卡奴"和卡激活率低下情况的大量出现,并且在安全方面要有很强的技术支撑,因为大量"卡奴"的出现必然导致透支欠款不能按期足额偿还,给发卡银行清偿透支欠款增加一定的难度,造成国有资金的流失和国家财产的损失,加大资金安全风险,而超常规发卡情势下出现的大量"死卡"以及卡激活率低,也势必增加发卡银行的银行卡业务经营成本。

3.在银行卡发卡环节上,要特别强化发卡机构的社会责任感以及安全忧患意识,要求发卡商业银行不能只注重银行卡数量的增加而忽略银行卡的使用质量,更不能单纯地为了扩大银行卡业务而忽略银行卡的安全问题。

(二)制止、打击不法中介机构的违法经营活动

前述事实已经证明"黑中介"介入银行卡的经营、交易等活动,无疑增加了银行卡经营风险,并且给银行卡交易活动带来极大的安全隐患,如"黑中介"介入银行卡的经营活动,代理银行卡的申请、领取,足以使银行卡持卡人信息资料泄露,为不法分子实施银行卡犯罪提供便利条件;而"黑中介"又是现实中银行卡套取现金的主要创意者、积极参与者与实施者,如有的地方注册成立的不法金融中介公司利用向银行申请到的POS机一次就套取银行卡内上万元甚至十几万元的现金,以此收取高额的手续费,其行为直接扰乱银行卡交易秩序,不仅可能给银行卡持卡人以及银行卡发卡机构造成重大经济损失,而且任其泛滥还会给国家的金融安全埋下隐患。因此应当采取有效措施制止"黑中介"介人到银行卡的经营或交易活动中,阻断"黑中介"的银行卡产业链,将银行卡经营、交易活动中的安全风险减小到最低限度。

在我国现阶段的银行卡经营、交易活动中,"黑中介"之所以能够长期生存、大行其道,并且屡屡成功骗取银行卡持卡人的信息资料与资金、损害银行卡持卡人的利益,一方面固然与一些银行卡申请人、银行卡持卡人银行卡基本常识缺失、用卡安全意识淡漠或者持卡人本人资信不良有关;但另一方面,在很大程度上也是钻了某些银行卡发卡机构发卡程序不规范、违规操作、急于扩

大银行卡客户群体范围而忽略了对银行卡申请人的严格审查的漏洞。另外，目前对不法金融中介机构代理客户申请银行卡、使用银行卡套现等不法行为缺乏有力的防范措施。杜绝中介机构组织参与银行卡业务，特别是银行卡的发卡以及银行卡的交易活动，防范“黑中介”设置办卡陷阱，制止、打击“黑中介”的违法经营活动，以保护银行卡申请人、持卡人的合法权益，应是规范银行卡经营行为、保障银行卡安全必须采取的一项措施。

(三)建立安全的银行卡网络支付系统

为了保证银行卡网络支付手段的安全和稳定，有效应对与防范银行卡网上支付风险，促进我国银行卡产业的安全、稳定发展，当务之急是要建立起一套效率更高、安全性更强的银行卡网络支付系统。在建立和完善银行卡安全网络支付系统的问题上，可以考虑在满足金融行业机密性、完整性、可用性、可控性等安全需求建设目标的基础上，构建起一个主动防御、深层防御、立体防御的安全技术保障平台，其内容应当包括系统安全、访问安全、应用安全、管理安全等不同的层面，从而在不影响金融机构正常业务与应用的基础上使金融机构的安全防护体系更加完备，满足金融机构网络系统的环境要求。

(四)强化银行卡持卡人的用卡安全忧患意识

在银行卡用卡安全的问题上，也必须强化银行卡持卡人的安全意识，使持卡人充分认识到银行卡安全问题的重要性以及与其自身利益乃至国家金融安全之间的密切关系，因而能够在银行卡的保管、使用过程中主动采取积极有效的措施，使银行卡安全得到保障。就银行卡使用的安全问题而言，相关部门甚至还有公安机关事实上也早已提出了一些安全预警，包括建议银行卡持卡人采取一些可行的措施，以期引起持卡人对持卡安全以及可能出现的安全风险予以高度重视。但还是有相当一部分持卡人对这些建议和措施并没有给予足够的重视，最终导致自身利益受到侵害。将这些措施加以归纳，大致有：自己亲自到发卡银行申请领取银行卡，切忌委托中介机构代为办卡，防止个人信息泄露；注重银行卡密码的设置与使用，在领取银行卡后首先应当尽快变更银行卡的初始密码，同时设置不易被他人破解的密码，在刷卡输入密码时注意采取遮挡等措施，防止被他人偷窥；银行卡与个人身份证明文件分开放置，防止被他人一并获取；银行卡背后签署个人姓名，确保银行卡交易对方能够核对签名笔迹；使用银行卡交易时视线不离开银行卡，避免被他人偷换；银行卡交易后仔细查验交易凭证，防止被多刷、盗刷；不把银行卡密码告知他人，不把银行卡交由他人代为交易;银行卡信息严格保密,不告知他人;本人的银行卡只限本人使用,不借给他人使用;进入自助银行时注意门禁是否异常,由于进入自助银行时只需刷卡而无须输入密码,可使用废卡或账户无资金的银行卡刷门禁;在ATM机上操作时警惕"热心人"的"帮助",不轻信ATM机旁张贴的所谓"告示",防止别有用心的人乘机窃取银行卡、银行卡信息或卡内资金;在ATM机上操作时出现异常,不要马上离开,应通过电话或其他有效方式联系银行工作人员,寻求银行工作人员的帮助;使用ATM机操作后打印出来的凭单要妥善保管,不要随意丢弃,以避免他人拾获后从中获取银行卡信息。

(五)建立健全银行卡安全机制与法律体系

1.建立和完善与社会信用相关的制度与法律,强化个人信息保护的立法,加强对消费者个人隐私的保护,严厉查处和打击滥用个人信息,特别是盗取、买卖他人信息的行为,构建安全、良好的银行卡用卡环境。

2.建立和完善规范银行卡发卡机构银行卡经营行为的制度与法律,规范发卡机构的银行卡发卡行为,强化银行卡发卡机构的安全忧患意识和社会责任,严格制止和惩治银行卡市场中的不正当竞争活动,对发卡机构的任意发卡行为以及恶意催收债务行为加以约束。

3.建立和完善规范银行卡使用行为的制度与法律,引导银行卡持卡人合法、正确地使用银行卡,充分发挥银行卡信贷消费的功能,保障持卡人的合法权益,防止并惩罚恶意透支、套取现金等不良用卡行为。

4.建立和完善规范银行卡特约商户经营行为的市场规则与监督机制,规范银行卡特约商户的银行卡交易行为,强化特约商户的安全意识和社会责任,制止不法交易活动,健全市场监督体系,为消费信贷活动创造安全、有序的环境和条件。

5.建立健全银行卡监管法律机制,切实解决银行卡产业发展和银行卡业务活动中行政干预、多头监管、监管权力交叉、监管措施缺失、监管协调不力等不利于银行卡业务规范操作、直接影响到银行卡安全监管效果的问题,保障银行卡经营活动的秩序稳定和安全。

(六)严厉打击各种银行卡违法犯罪活动

1.要不断完善银行卡违法犯罪活动有关的法律、法规,形成相应的法律规范体系。我国1997年修订的《刑法》适应社会主义市场经济形势下银行卡犯罪活动的现实特点和打击银行卡犯罪、以保护国家银行卡管理制度的现实要求,对银行卡诈骗犯罪做出了明确的处罚规定;此后,全国人大常委会又针对司法实践中银行卡犯罪出现的新形式、新特点对有关银行卡犯罪的规定做出了进一步的补充修改，以刑法修正案的形式使我国《刑法》中关于银行卡犯罪的定罪与处罚规定更加完善，这十分有利于司法实践部门运用《刑法》武器打击严重危害银行卡管理秩序的银行卡犯罪活动。但是，我们也应当注意到，随着科学技术的不断进步与发展，在各种高科技手段被应用到银行卡产业发展及各种相关业务经营过程中的同时，银行卡犯罪手段中的科技含量也在不断提高，银行卡犯罪还会呈现出新的形式和特点，因此在保持法律规范在一段时期内相对稳定的同时，法律还需要随着银行卡犯罪形式的变化不断调整和完善，以适应严厉打击银行卡犯罪斗争的需要。

2.应当注重严格执法，强化各职能部门以及司法机关在打击银行卡违法犯罪活动中的职责，加强各职能部门与司法机关之间的合作关系，务求及时、准确、有效地打击各种银行卡违法犯罪活动，以求银行卡市场秩序的稳定、良好的信贷消费交易环境以及对国家金融安全的保障。

银行卡违法犯罪活动近些年之所以愈演愈烈、不法分子愈加猖獗，其中固然有银行卡本身特性所决定的一些因素，如隐秘性强、犯罪不易被发现和察觉，犯罪得手后所获取的利益较大、不易被追查等等；同时与我们一些相关部门之间缺乏有效的协调机制、配合不密切、追查不及时从而贻误时机也有很大的关系。因此，密切协调各相关职能部门之间在打击银行卡违法犯罪问题上的相互关系，建立良好的协调机制以及信息资料交流平台和共享机制，采取积极有效的措施，保证及时发现和严厉打击银行卡违法犯罪活动，是当前维护银行卡安全的一项重要任务。

3.在打击社会上各类银行卡违法犯罪活动的同时要进一步强化对金融机构中银行卡经营、管理部门及其工作人员的监督管理，完善内控机制，一方面要明确责任，使这些部门及其工作人员能够严格按照法律、法规及各种规章制度开展银行卡业务活动，防止出现各种易被银行卡违法犯罪分子可钻的漏洞；另一方面则采取有效措施防止其中个别工作人员与社会上不法分子相互勾结实施银行卡违法犯罪活动，消除银行卡违法犯罪的萌芽和条件。

4.要加强应对银行卡违法犯罪的国际合作

银行卡违法犯罪的一个突出特点就是跨国性，特别是一些银行卡犯罪的大案多为国内犯罪分子与国际银行卡犯罪集团联手实施，如境内犯罪分子窃取他人银行卡资料信息后交由境外银行卡犯罪集团伪造银行卡，或者由境外银行卡犯罪集团直接伪造各种国际银行卡后交由国内犯罪分子使用，实施银行卡诈骗活动等等。目前,银行卡跨国犯罪已经成为各国在打击银行卡犯罪活动时所面临的一个共同的问题,因此,单靠一国自已的力量铲除银行卡犯罪的能力十分有限,需要国际社会的通力合作。我国的司法机构、相关部门应当积极采取各种有效措施与国际上以及世界各国反银行卡犯罪的机构、组织和部门建立稳定的联系,将打击银行卡违法犯罪活动作为一项共同的任务。

【典型案例】

一、海峡两岸及6国警方联手摧毁一特大银行卡诈骗集团①

2011年11月29日,江苏省苏州市某投资有限公司财务经理沙某向苏州市公安机关报案,称被人通过银行卡骗走1260余万元,其中包括自己的存款8万多元及1250多万元的单位存款。沙某说,她在家中接到了一个自称是苏州市公安局的警官打来的电话,称其账户涉嫌洗钱,案件惊动了中央,警方正在调查。对方要求沙某拨打一个固定号码,找"中央反洗钱专案组的刘警官"咨询详情。在电话中,"刘警官"对沙某说,"你知道你拨打的是哪里的号码吗?你可以打114查询一下。"沙某果真拨打114确认,"114"告诉她,那个号码确实是南京市公安局经侦支队的。他们还告诉沙某,案子侦破后,如果证明她没有涉案,会把钱退还给她。沙某完全相信了"刘警官"的话,分18次将自己银行卡上1260余万元转到对方指定的12个所谓"国家安全局金融监管中心"账户。公安机关经过半年的缜密侦查,发现一个特大跨国跨两岸银行卡诈骗犯罪集团,其诈骗平台和话务窝点设在泰国、马来西亚、印尼、柬埔寨、斯里兰卡、斐济6个国家及我国大陆和台湾地区,转取赃款窝点设在泰国和我国台湾,涉及大陆30个省(区、市)510多起银行卡诈骗案件,被骗金额7300多万元人民币。2012年5月23日,两岸及6国警方同步开展收网行动,摧毁了这个特大跨国、跨两岸电信诈骗犯罪集团,抓获犯罪嫌疑人482名,捣毁拨打诈骗电话,转账洗钱、开卡取款等犯罪窝点35处,缴获银行卡、电脑、手机等一大批作案工具和赃款,破获银行卡诈骗案件510余起。

①转自新华社央视央广新闻《扬子晚报》,2012年5月25日。

二、银行卡突然被“吞吃”，卡内1.9万元存款也被人盗取①

2003年8月23日傍晚，重庆市民罗某在某银行自动取款机上取款时，银行卡突然被“吞吃”。由于银行已下班，罗某只好次日办理退卡手续，不料却发现该卡已不翼而飞，卡内1.9万元存款也被人盗取。8月26日，罗某向重庆市公安局报案。8月27日，警方又接到另一家银行报案：多名储户找他们办理退卡手续，开机一看没有银行卡踪影，却在读卡机通道内发现被人安了“机关”——一个阻挡银行卡退出的金属钩。一段时间以来这类案件频频发生。重庆市公安机关经立案侦查于8月29日在云南将正准备作案的江西籍男子吴某某、汤某某等4人抓获，并从其暂住地和随身包中搜出作案用的胶带、金属钩等工具。据交代，该团伙于2003年7月从江西先后流窜至杭州、成都、重庆、昆明等地，利用银行下班时间偷偷将长约4厘米、宽约0.5厘米的带钩金属条用胶带粘住，置于ATM机读卡机通道内，将胶布头粘在通道入口外下方，用规范的“读卡入口”字样小横条遮挡。然后，犯罪嫌疑人在附近等候取款人误将银行卡插入“机关”，出现“吞卡”现象。此时，佯装好心人的犯罪嫌疑人会假装取款，并“善意”提醒取款人重输一次密码。不知不觉中，该卡密码被窃取，等取款人离开后，该犯罪嫌疑人立即设法从读卡机通道内拉出银行卡，再轻松将卡内存款取走。该团伙用类似手法先后窃取持卡人资金数万元。

【以案说法】

案例一　行为人的行为构成诈骗罪

此案从银行卡业务的角度称为“短信及电话诈骗案件”，从法律适用来看主要涉嫌的是诈骗罪，犯罪行为通常表现为：犯罪嫌疑人通过手机短信或电话的方式，以中奖、退税退费、银行卡消费、信用卡透支或者虚构涉嫌犯罪、绑架等虚假信息，使持卡人陷入错误认识，并引导持卡人将资金转入犯罪嫌疑人提供的账户内的行为。

案例二　吴某某、汤某某的行为构成盗窃罪

此类案件从银行卡业务的角度称为“ATM机案件”，从法律适用来看主要

①转自搜狐理财网，2011年1月27日。

涉及以下罪名:(1)盗窃罪:犯罪嫌疑人利用金属钩、镊子、自制卡钳等工具,在ATM机的卡口内设置"机关",截留银行卡片,伪造吞卡假象,获取他人的银行卡卡片并使用的行为;(2)诈骗罪:犯罪嫌疑人在ATM机或自助银行内张贴虚假的"温馨提示",伪造银行客服电话。采用电话、短信等方式诱使持卡人陷入错误的认识,并引导持卡人将资金转入犯罪嫌疑人提供的账户内的行为;(3)窃取、收买、非法提供信用卡信息罪:犯罪嫌疑人通过非法安装盗码器、摄像头等装置取得银行卡信息资料的行为,以及出售、提供给他人的行为。

【法条链接】

支付结算办法

第一百三十条 银行卡是指商业银行向个人和单位发行的,凭以向特约单位购物、消费和向银行存取现金,且具有消费信用的特制载体卡片。

第一百三十一条 银行卡按使用对象分为单位卡和个人卡;按信誉等级分为金卡和普通卡。

第一百三十二条 商业银行(包括外资银行、合资银行)、非银行金融机构未经中国人民银行批准不得发行银行卡。

非金融机构、境外金融机构的驻华代表机构不得发行银行卡和代理收单结算业务。

第一百三十三条 申请发行银行卡的银行、非银行金融机构,必须具备下列条件:

(一)符合中国人民银行颁布的商业银行资产负债比例监控指标;

(二)相应的管理机构;

(三)合格的管理人员和技术人员;

(四)健全的管理制度和安全制度;

(五)必要的电信设备和营业场所;

(六)中国人民银行规定的其他条件。

第一百三十四条 商业银行、非银行金融机构开办银行卡业务须报经中国人民银行总行批准;其所属分、支机构开办银行卡业务,须报经辖区内中国人民银行分、支行备案。

第一百三十五条 凡在中国境内金融机构开立基本存款账户的单位可申

领单位卡。单位卡可申领若干张，持卡人资格由申领单位法定代表人或其委托的代理人书面指定和注销。

凡具有完全民事行为能力的公民可申领个人卡。个人卡的主卡持卡人可为其配偶及年满18周岁的亲属申领附属卡，申领的附属卡最多不得超过两张，也有权要求注销其附属卡。

第一百三十六条　单位或个人申领银行卡，应按规定填制申请表，连同有关资料一并送交发卡银行。符合条件并按银行要求交存一定金额的备用金后，银行为申领人开立银行卡存款账户，并发给银行卡。

第一百三十七条　单位卡账户的资金一律从其基本存款账户转账存入，不得交存现金，不得将销货收入的款项存入其账户。

个人卡账户的资金以其持有的现金存入或以其工资性款项及属于个人的劳务报酬收入转账存入。严禁将单位的款项存入个人卡账户。

第一百三十八条　发卡银行可根据申请人的资信程度，要求其提供担保。担保的方式可采用保证、抵押或质押。

第一百三十九条　银行卡备用金存款利息，按照中国人民银行规定的活期存款利率及计息办法计算。

第一百四十条　银行卡仅限于合法持卡人本人使用，持卡人不得出租或转借银行卡。

【扩展阅读】

商场中“黄牛党”的通缉令①

“黄牛党”俗称“票贩子”，在北京行话叫“拼缝儿的”，而上海人称之为“黄牛党”，还有更形象的比喻把这类人称之为“票虫儿”。就现象而言，它被定义为“恃气力或势力，采购物资及票务凭证后高价出售以图利”，因此老百姓对之深恶痛绝，甚至从某个层面上来讲，“黄牛党”直接导致了春运期间的“买票难”问题。

商场中“黄牛党”的挣钱之道一般有以下几种：

1.低买高卖。一般，“黄牛党”按照4.5折回收返券，再按5.5折出售。

2.借鸡生蛋。“黄牛党”融通消费者，假设某商场推出了满100返80的活动，

① 转自新浪博客，2006年12月30日。

消费者想买价值100物品,只需付给“黄牛党”60,便可以买到此商品。而黄牛党垫付40,获得返券80,再将此返券以高于40价格卖出而获利。

3.赚取银行信用及银行卡年终礼。“黄牛党”在各种交易中会尽量使用银行卡支付,积累积分换礼品。

4.积累商场消费积分,换取礼品。

5.与促销员勾结。为了扩大“市场”笼络消费者,有些“黄牛”党会跟促销员勾结,共同与消费者交易。

“黄牛党”实际上是在商场进行返券过程中产生的一种中介服务。在返券的过程中,消费者渐渐发现,商场的返券活动,永远不可能让他们完全获得实惠,实现利益最大化,于是在这个过程中,“黄牛党”就出现了。实际上,如果是消费者自愿与“黄牛党”交易,本身是不违法的。而且消费者自身也有选择权,他们选择“黄牛党”,就愿意分割部分利益给“黄牛党”,商场也无权干涉。实际上,商场真的要想取消“黄牛党”,还得从根儿做起,就是取消返券。

一面是商场高喊大力度返券,一面是供货商揭秘提价返券内幕。商场返券促销的水分“路人皆知”了,但是消费者拧不干,于是倒券“黄牛党”出现了:“商场不给你实惠,找我吧,直接打折降价。”一开始还将信将疑的消费者渐渐尝到了“甜头”,“黄牛党”不错,至少比雾里看花的返券看得清楚。于是商场的如意算盘被打翻了,凭什么你来分我的奶酪?冻结返券卡!“黄牛党”不怕,冻卡就闹事,闹得你解冻最好,不解冻也无妨,我的生意日进千金,不在乎!“黄牛党”行业的高回报还引发了“黄牛党”的“党内斗争”,11名施暴“黄牛党”被拘了,还有业界专家曝光,“黄牛导致商业贿赂”。

其实从北京兴起返券潮之后,“黄牛党”就应运而生了。看到最近围绕“黄牛党”而连续发生的争端事件,“黄牛党”问题才被郑重提上媒体和主管部门的议程。应该说倒券“黄牛党”的出现本身就是对社会秩序和市场规则的破坏,但是谁在一直纵容“黄牛党”的存在,恰恰是高举“打牛”旗号的商场,恰恰是闷不吭声的监管部门。

商场看到的是自己的利润,只顾与倒券“黄牛党”相互指责、对峙,而回避返券促销本身的问题;监管部门对“黄牛党”问题视而不见,“促销新规”成了名副其实的纸老虎。商场促销有“游戏规则”,要参加活动,必须遵守一定的规则。但是规则需要公开透明,没有商场违反促销规定在先,也不会有之后倒券“黄牛党”搅局。而相关监管部门睁只眼闭只眼的不作为行为,无意中也起到推波助澜的“纵容”作用。

倒券获利的“黄牛党”扰乱了市场，也搅和了商家精心设计好的“返券游戏”，商家对“黄牛党”的打击行动开始升级，由此引发了商家和“黄牛”之间的冲突。而在“黄牛”行业内部，由于互相之间的利益争夺也引发了北京市场上首例“黄牛”被拘案。

“黄牛党”现象的直接受害者恰恰是消费者，而商场和监管部门需要尽快行动起来，建立和维护健康理性的市场才是长远之计。

第三单元　谁为我主持公道

——持卡人维权路径

【精讲精析】

一、针对银行卡格式合同中不平等条款的维权

商业银行经营银行卡业务,应当充分向持卡人披露相关信息,揭示业务风险,建立健全相应的投诉处理机制。这些相关信息,包括关于银行卡收费的内容、增加银行卡业务功能等。特别在《银行卡章程》中,发卡银行必须就银行卡的使用范围(包括使用方面的限制)及使用方法、银行卡账户适用的利率、面向持卡人的收费项目和收费水平、商业银行、持卡人及其他有关当事人的权利、义务等进行明确约定,否则就很容易导致不平等条款的产生。在发卡银行印制的银行卡申请材料文本中应当包含与费用收取相关的一切信息,包括但不限于:收费起点及标准、收费信息查询渠道、收费信息变更的通知方式等。"重要提示"应当在银行卡申请材料中以醒目方式印刷、列示,至少包括申请银行卡的基本条件、基本申请资料、计结息规则、年费/滞纳金[①]/超限费[②]收取方式、认真阅读领用合同(协议)并签字的提示、申请人信息的安全保密提示、与非法使用银行卡行为相关的法律责任和处理措施的提示以及其他对申请人信用和权利义务有重大影响的内容等信息。

(一)发卡机构关于利息及收费条款的独家解释权

1.全额罚息条款。

如某持卡人当月刷卡消费近4万元,因疏忽少还了0.24元,结果下个月须

①滞纳金是指根据中国人民银行的有关规定,如果持卡人在到期还款日实际还款额低于最低还款额,银行对于未能按期偿还的最低还款额部分将收取滞纳金。

② 超限费是指根据中国人民银行的有关规定,对于持卡人超过信用额度用卡银行将对超过信用额度部分计收超限费。

为此支付800多元的利息。多年以来，发卡银行一直遵循一种行业惯例，即持卡人如果在免息还款期内不能全额还款，即使只有1分钱没还，银行也会按当期账单的全部金额自动滚入下期来计算利息。银行卡“全额罚息”，一直被持卡人视为发卡银行的“霸王条款”。对银行而言，“全额罚息”能够最大限度地为银行创造收益，但持卡人普遍认为银行此类的行为显失公平。从合同的公平原则出发，计算利息只应该针对实际欠款金额计算，已经归还的款项不应该重复计息。实务中，发卡银行对此的抗辩理由是“行规”以及培养持卡人习惯的需要。对于发卡银行而言，如果为了800多元的利息而使自己的银行卡品牌受到极大的损害，可谓得不偿失。目前，持卡人对银行卡的认识普遍处于肤浅的现实情况下，对于“全额罚息”，从感情上确实难以接受。银行目前最需要做的是向持卡人普及用卡知识并加强信用教育。[①]由于对银行卡收费的监管法律知识相对缺乏，对于发卡银行的约束主要通过银行卡使用协议来约定，而持卡人在签约时又经常对于该类格式合同条款不予重视，所以全额计算罚息的情况屡屡发生。

2.充分识别信用卡取现条款中明示的强制或默示的陷阱。

有持卡人多存入信用卡400元再取出即须缴纳40元手续费（多扣了30元）。[②]出现上述案例的原因，就在于持卡人对于银行卡溢缴款[③]支取需要缴纳一定的手续费，像中国农业银行的银行卡溢缴款支取手续费为1%。近年来，部分银行大力推广信用卡支取现金业务，并为持卡人配套提供了一系列的便利及优惠措施。信用卡取现成为发卡银行极力推销的一种信用卡业务。持卡人取现会给发卡银行带来相当可观的手续费收入。发卡银行通常的收费标准为：按照取现金额的千分之五收取手续费，而且持卡人取现还不得享受免息优惠待遇。一些发卡银行为此专门制定了营销策略，持卡人不用去柜台，即可通过网上银行直接把信用卡的取现额度转入储蓄卡。不可否认的是，对于确实急切用钱的持卡人来说，信用卡取现当然属于一种便捷、快速的融资功能，但对普通持卡人而言，因为需要负担高额的取现手续费，所以要三思而后行。

---

①马苗：《银行固守信用卡霸王条款 默契执行全额罚息》，网址：http://finance.sina.money/bank/credit/20110315/09469532315.shtml}Cnnl_r。

②《信用卡取现扣你没商量 多还400元取出被扣30元》，转自MSN理财，2011年4月16日，网址：http://finance. ifeng. com/bank/yhk/20110416/3884221. shtmlo.

③溢缴款是指信用卡客户还款时多缴的资金或存放在信用卡账户内的资金，取出溢缴款一般银行是要收取手续费的。

持卡人付出的代价很可能不仅仅是手续费,还有可能负担不在计划内的利息支出。目前,各家发卡银行的信用卡取现都不享受免息还款期的待遇,自取现之日起按每天万分之五的利率计收利息,并且许多银行按月计收复利,即“驴打滚,利滚利”。万分之五的日利率表面上看似不高,但按照年利率计算出的结果可能就非常可观。即使不考虑“复利”的效应,只以单利计算,万分之五的日利率相当于18%的年利率。目前,个别发卡银行采取手续费打折甚至完全免收的营销策略,同时调高持卡人的取现额度,实际是希望通过鼓励持卡人尽量多取现来赚取超额利息收入。

持卡人普遍忽视的另一个“陷阱”是还款顺序。例如,持卡人的上期账单金额为3000元,尚未还款,又取现了2000元。取现两天之后,持卡人存入2000元。那么,持卡人取现的2000元是否已经归还了呢?答案是否定的。根据银行卡的还款规则,上期账单的还款顺序优于未出账单前的取现。也就是说,持卡人存入的2000元全部用于归还上期账单,本月取出的2000元一分也没还上,一直在按照每日万分之五的利率产生利息,直到未来还清为止。

3.银行卡未激活也收取年费。

(1)关于银行卡激活的有关规定。

发卡银行应当建立银行卡激活操作规程,激活前应当对银行卡持卡人身份信息进行核对。不得激活领用合同(协议)未经申请人签名确认、未经激活程序确认持卡人身份的银行卡。对新发银行卡、挂失换卡、毁损换卡、到期换卡等必须激活后才能为持卡人开通使用。

银行卡未经持卡人主动激活,不得扣收任何费用。在特殊情况下,持卡人以书面、客户服务电话录音、电子签名、持卡人和发卡银行双方均认可的方式单独授权扣收的费用,以及换卡时已形成的债权债务关系除外。

银行卡未经持卡人激活并使用之前,发卡银行不得向持卡人发放任何礼品或礼券。对持卡人在银行卡有效期内未激活的银行卡账户,发卡银行不得擅自提供到期换卡服务。

(2)未激活银行卡被收取年费、工本费等属于违法行为。

①银行卡未办理激活手续却被收取年费

某持卡人在2010年3月申请了一张某国有大型商业银行的银行卡,收到后一直没有激活,但他后来却收到银行扣费100元的通知短信。银行客服人员告知持卡人收费项目为银行卡年费,客服代表跟持卡人核对资料时主动帮助激活了该银行卡,事实上持卡人根本都没同意过激活卡片。而且在银行卡被激活至持卡人发现被收取年费的时间内，持卡人从来没收到过银行的任何账单。需要指出的是，银行业务人员以身份核实为由，诱使持卡人开通激活手续，实际上属于一种欺诈行为。激活银行卡，是持卡人自主的一种民事行为，需要以持卡人的主动、自愿为前提。在持卡人不知情的情况下，发卡银行主动激活持卡人的银行卡属于无效民事行为。

②未激活银行卡却被收取银行卡工本费

其实，在办理银行卡的消费者当中，绝大多数人都认为只要不开卡、不激活，银行就无法向其收费，这是因为持卡人通常都更关心年费和利息问题，认为“不开卡就不会收年费，不消费就不会有欠款，因此也就不用付利息”。按照行业惯例，银行卡工本费通常会由发卡银行直接从银行卡账户中扣除，也就是说持卡人即便没有激活卡片，这部分工本费发卡银行是绝对不会免收的。一旦持卡人没有及时偿还，还要被按日收取利息，甚至有可能留下负面信用记录。

银行卡未开卡即扣收年费有几方面原因：一是持卡人办理的卡片本身就有相关规定，如两个月内不开卡，需支付一定的工本费用；二是营销人员为了提高自己的业务量，主动帮助申请人开通卡片或者致电卡主邀请开通，但持卡人对于此类行为的法律后果却并不十分清楚，从而被无故扣费或影响个人信用情况；三是持卡人本身对银行卡产品并没有全面的了解，特别是中老年人对银行卡的收费规则知之甚少，是否可以成为申请银行卡的适格客户本身就是一个问题。[①]

对于持卡人而言，银行卡并非越多越好，如果银行卡分属于不同的发卡银行，每月办理还款手续需要耗费大量时间。银行卡过于分散不仅不利于积累消费积分，还有可能产生信用不良的记录。正常情况下，持卡人拥有1～2张银行卡比较合适，其中的一张可以是国际卡。如果不想激活卡片，持卡人最好主动致电发卡银行银行卡客服中心进行销卡处理。

4.收取超限额度使用费。

在实务中持卡人经常遇到的问题是，持卡人需要大量现金但取现额度不够。如果向发卡银行申请临时增加取现额度，则意味着需要向发卡银行缴纳一笔高额的超限额度使用费。[②]

---

①《信用卡未开通年费却照收市场亟待规范》，载于《北京商报》，2011年1月25日。

②《盘点信用卡四大潜规则:超过额度要收“超限费”》，转自中国经济网，2011年3月14日。

《商业银行银行卡业务监督管理办法》规定,银行卡未经持卡人申请并开通超授信额度用卡服务,不得以任何形式扣收超限费。持卡人可以采用口头(客户服务电话录音)、电子、书面的方式开通或取消超授信额度用卡服务。

发卡银行必须在为持卡人开通超授信额度用卡服务之前,提供有关超限费收取形式和计算方式的信息,并明确告知持卡人具有取消超授信额度用卡服务的权利。发卡银行收取超限费后,应当在对账单中明确列出相应账单周期中的超限费金额。

经持卡人申请开通超授信额度用卡服务后,发卡银行在一个账单周期内只能提供一次超授信额度用卡服务,在一个账单周期内只能收取一次超限费。如果在两个连续的账单周期内,持卡人连续要求支付超限费以完成超过授信额度的透支交易,发卡银行必须在第二个账单周期结束后立即停止超授信额度用卡服务,直至银行卡未结清款项减少到银行卡原授信额度以下,才能根据持卡人的再次申请重新开通超授信额度用卡服务。

5.银行卡透支后非授权扣划持卡人其他账户的资金。

《商业银行银行卡业务监督管理办法》第57条规定,在未获得持卡人授权的情况下,不得以持卡人资产直接抵偿银行卡应收账款。国家法律法规另有规定的除外。

以持卡人资产直接抵偿银行卡债务的方式,主要表现为在未有约定或者取得持卡人授权的情况下,对于持卡人其他结算账户的存款进行直接扣划,以偿还到期的银行卡应收账款。在申领银行卡时,如果持卡人在一家发卡银行同时拥有银行卡贷款账户和一般性存款结算账户(包括借记卡、存折等),可以申请约定还款交易。当银行卡每月账单到达清偿时限以后,持卡人授权发卡银行直接在一般性存款账户中进行扣划。这种约定还款交易,是持卡人与发卡银行的自愿性契约行为。发卡银行以约定还款交易为基础而进行的资金扣划行为是合法行为。但对于未进行约定或者未取得授权的账户资金扣划,在法律上是一个存有争议的问题。发卡银行在银行卡领用协议中,一般都会约定持卡人允许发卡银行拥有扣划持卡人其他账户资金的权利。实际上,利用格式合同中的不平等条款,发卡银行获得了直接强制执行持卡人资金财产的权利。与此同时,发卡银行在强行扣划持卡人非银行卡账户资金时,并未切实履行通知义务,侵犯了持卡人的知情权。

(二)发卡机构针对银行卡领用协议主要条款变动的单方处置权

《银行卡业务监督管理办法》规定,在通过银行卡领用合同(协议)或书面协议对通知方式进行约定的前提下，发卡银行应当提前45天以上采用明确、简洁、易懂的语言将银行卡章程、产品服务等即将发生变更的事项通知持卡人。

实务中，对于攸关持卡人权益事项之变更，发卡机构并不认为那是属于银行卡格式化合同应当规范的内容，而是发卡机构的一项自主性权利。大部分发卡银行均会在《银行卡使用协议》中约定："本规定一经修改，无须事先通知持卡人，亦即生效"；而《银行卡章程》也提出："修改时无论持卡人是否知悉，均具约束力。"这实际上是发卡银行格式合同霸王条款的具体体现。

在履行通知义务方面所引发的争议，金融监管部门已经明确规定，有关银行卡附加优惠等攸关持卡人权益事项等内容的变更，属于银行卡格式化合同的必要组成部分，应于变更前45日内以书面通知持卡人，对于未遵守上述规定的发卡机构，应重新履行通知程序，但对消费者一方有利之变更则不在此限。根据《合同法》的有关规定，合同订立后，非经当事人协商一致，任何一方无权擅自变更合同。银行卡格式条款的修改除了因国家有关法律法规或金融管理规章有新的强制性规定之外，其他新章程若持卡人不接受，发卡银行无权强迫持卡人接受。此外，依据我国《消费者保护法》的立法精神，持卡人作为消费者，自然有权利知道所接受与银行卡有关金融服务的真实内容。

二、非自愿申领及非授权使用银行卡时的维权

（一）非自愿申领银行卡

非自愿申领使用银行卡，是指在缺乏申请人意思自主的前提下，由于发卡机构或者联名发卡合作一方过度或不正当营销银行卡，使得那些原本不愿意使用银行卡的消费者成为被动的银行卡申领者、使用者。发卡机构过度或不正当营销的宣传手段包括：办卡免年费、最低还款额不影响信用、免息分期还款、预借现金方便应急、超过额度仍能刷卡、免息免手续费等，以便为申请人设置重重陷阱。[①]据专家分析，一些银行给消费者强调的是其银行卡能提供较其他银行更多的信用额度，并且赠送礼品，而对于发卡银行有关透支逾期高额罚息则未有全面的风险警示。[②]

发卡银行应当明确告知申请人需提交的申请材料和基本要求，申请材料

①张安立：《别让用卡成本大大提升如何避开信用卡六大陷阱》，载于《理财周刊》，2011年3月15日，网址：http://www.sina.com.eno.

②《中国信用卡滥发成灾引发大量社会问题和矛盾》，载于新加坡《联合早报》，2009年12月28日，网址：http: //www.zaobao.com/cz/cz091228_ 001.shtmlo.

必须由申请人本人亲自签名,不得在客户不知情或违背客户意愿的情况下发行银行卡。对首次申请银行卡的客户,发卡银行不得采取全程系统自动发卡方式核发银行卡。发卡银行不得向未满18周岁的客户核发银行卡(附属卡除外)。符合条件的同一申请人核发学生银行卡的发卡银行不得超过两家(附属卡除外)。在制发学生银行卡之前,发卡银行必须落实第二还款来源,取得第二还款来源方(父母、监护人或其他管理人等)愿意代为还款的书面担保材料,并确认第二还款来源方身份的真实性。在提高学生银行卡额度之前,发卡银行必须取得第二还款来源方(父母、监护人或其他管理人等)表示同意并愿意代为还款的书面担保材料。

消费者是否应当申领银行卡,应根据本人的工作、生活需要,以及自己的经济实力来确定。如果本人确实不喜欢也不需要银行卡,遇到发卡银行强行推销或者引诱推销的银行卡,应尽量在未办理激活手续的前提下及时注销该银行卡。具体办理注销手续时,应认真研究银行卡领用协议中对于银行卡注销的约定条款,充分重视销卡的时效及其法律后果,保证自己不因销卡不彻底而承担不必要的财务费用。①

(二)银行卡非授权使用时持卡人的维权

银行卡的非授权使用,主要是指银行卡被他人盗用、冒用的情形。银行卡被盗用、冒用,不仅会造成持卡人数量不等的经济损失,由于发卡银行一方的处理不当有时还会形成持卡人的不良信用记录。经济损失是否需要分担以及分担比例如何,应根据具体的案件具体分析。

三、银行卡积分与银行卡商城领域的维权

(一)银行卡商城

消费者应注意发卡银行银行卡商城内商品的价格是否合理、公允,有时银行卡网上商城的价格不但不便宜,反而比市面上的同样商品更加昂贵。据报载,某先生在中国工商银行的网上商城看中一款数码相机,银行网页宣传单上注明该数码相机的市场价为2199元,而该行优惠价为1599元,可以选择分3期、6期、9期、12期、18期或者24期付清。某先生发现有自己中意的粉红色机型,便迅速下单买了一款送给女朋友。可买后几天某先生便后悔了,同样一款数码相机在“京东商城”的报价为1499元,而在“淘宝网”上的报价均在1000~

①《没办信用卡却上黑名单,法院判银行赔钱》,转自新浪网,2011年3月14日,网址:http;//www.sina.com.cn.

1500元。某先生又前往该品牌相机专卖店，经过与老板一番讨价还价后，发现用1450元就能买到这款相机并且送一张4G内存卡和一个相机包。[①]某先生因一时冲动而在银行卡网上商城购买商品，狠狠地被宰了一刀，某先生后悔莫及！

与银行卡商城相关的另一个重要问题是，发卡银行对于商品或者服务质量的抗辩切断条款。发卡银行对于网上商城里商家的产品质量不承担任何担保责任，也没有法定义务参与解决持卡人消费者与商家之间的产品技术质量纠纷。持卡人消费者同商家之间因商品质量问题而发生争议，不会对持卡人与发卡银行之间的借贷关系产生任何影响。如招商银行银行卡网上商城的规则规定，“招商银行邮购业务的所有商品均由供应商负责提供，商品的质量、包装装潢、价格、优惠促销、使用方法、使用期限、送货、换货、退货、咨询、投诉等相关问题亦由供应商负责。招商银行仅提供代付款服务，并非商品的销售商，与供应商无任何代理关系，不提供与商品相关的任何担保。订购人与供应商通过招行交易时发生诸如商品质量争议、价格争议、优惠促销争议、使用方法和使用期限争议，以及发货延迟、未收到货、换货、退货等引起的纠纷均应由订购人与供应商双方协商解决”。“招商银行作为结算提供方不承担协调客户、商户之间争议与纠纷的责任。若发生商品质量问题，招商银行可协助持卡人联系沟通。在争议处理过程中，订购人应继续按本条款及约定的规定向招商银行支付购买商品的款项。前述争议不影响招商银行对持卡人所欠款项的追偿权”。[②]

（二）银行卡积分

各个发卡银行均有自己的银行卡积分规定及具体实施细则。对于什么样的刷卡消费能够获得积分，持卡人应当对此做一全面的了解，以保护自己的合法权益。从发卡银行方面来讲，其具有依法履行告知持卡人关于积分规则的义务。

我们以招商银行为例来具体说明。该行的银行卡网站上，对于不予积分的项目内容有具体规定，在房地产、汽车销售、批发、公立医院、公立学校、政府类、金融类、慈善、居民服务和非营利性社会服务等的消费都不计入积分范围，这样客户在消费的时候就必须弄清楚商户的POS机在银联登记的消费类型，如

① 樊帆：《工行信用卡分期商城贵过店面手续费达15.6%》，转自《理财周报》，2011年3月14日，网址：http://www.sina.com.cn.

②《招商银行信用卡商城商品邮购条款及约定》第41、42条，转自招商银行网站，网址：http://ccclub.cmbchina.com.

果商户属于上述范围的就很有可能没有积分。特别是,即便持卡人刷卡消费的商户不属于上述公益类、非营利性类型,但对其不同的分店,其积分规则也不相同。如苏宁电器,有的分店是在消费范围内,有的则不在消费范围内。[①]实际上,要求持卡人消费者对于商户POS机登记类型进行了解,本身就是一件难以做到的事情,因为这一问题具有一定的专业技术难度。其他发卡银行基本也有类似的规定,即"凡是银联登记属于批发、慈善、汽车销售等类型的消费都不予以通过消费兑换积分"。持卡人在某些特约商户处刷卡消费之所以不能积分,主要是其向发卡银行从该类特约商户获得的手续费收入比较低,发卡银行基本上无利可图,因此拒绝向持卡人提供积分的便利。可以断言,发卡银行是否向持卡人提供积分便利,主要是基于成本利润的考量。

四、银行卡挂失、撤销及其损失分担的维权

(一)电话挂失银行一方不担责,生效时间延迟

根据现行银行卡管理办法中对于挂失效力的有关规定,挂失正式生效之前即口头挂失开始至次日24小时内所造成的用卡损失由持卡人承担,超过24小时后的损失由发卡机构承担。[②]实务中银行卡挂失很有玄机,多数银行只对挂失生效后的盗刷损失负责。[③]一些发卡银行规定,银行卡挂失以书面挂失为准,对于电话挂失只协助防范,不承担任何责任,而且受理书面挂失后24小时内的经济损失也由持卡人自负。

极端情况下,持卡人在周末或者节假日进行电话挂失,又赶上发卡银行不上班,此时的电话挂失是否有效呢?再有就是异地挂失问题,持卡人在异地特别是国外进行电话挂失,但仍然需要到发卡机构主要经营地进行正式挂失。此时电话挂失的效力应当与书面挂失具有同等效力,否则对持卡人则显失公平。实际上,电话挂失与书面挂失在本质上都是当事人要求挂失的明确意思表示。因此只要发卡银行接到持卡人的挂失请求,就负有立即止付并确保消

---

①李雯珊:《招行白金信用卡存陷阱银行设门槛刷卡无积分》,载于《理财周报》,2009年12月21日,网址:http; //www. sina. com. Eno.

②张炜主编:《个人金融业务与法律风险控制》,法律出版社,2004年版,第141页。

③卢迎新:《信用卡挂失很有讲究》,载于《广州日报》,2011年3月19日,网址:http: //finance. ifeng. com/bank/yhk/20110319/3703589. shtmlo.

费者财产安全的义务。[①]

在我国台湾地区士林地方法院民事庭曾判决一起银行卡遭盗刷的理赔纠纷案。此案审理法官认为，消费者并未在知悉银行卡脱离自身持有时（立即挂失），导致不法分子持卡盗刷，因此改判消费者应给付盗刷款项的违约金，计约8万多元新台币。在此案中，发卡银行依据银行卡契约的约定，主张逾失卡24小时以后的风险应由持卡人负担。本案中持卡人向银行办理挂失银行卡的时间，距离其所陈述失卡的时间已过七天，因此，法官认定“失卡逾24小时以后之风险，应由持卡人负担”。[②]

（二）银行卡挂失前后损失分担

在我国现行的民事法律制度之下，银行卡被盗用、冒用而出现经济损失，关键要看该损失是在挂失实际生效之前还是在挂失实际生效之后，持卡人挂失手续的实际生效时点是划分损失责任的分水岭。为避免持卡人的经济及名誉损失，最好采取以下两项措施：

1.应妥为保管银行卡，随时保证银行卡存放于安全地点。一旦遗失，应尽快向发卡银行办理挂失手续，并注意挂失的实际生效起始时间。持卡人进行电话挂失以及其他非书面挂失的，应主动进行相关证据的保全工作，比如电话录音等。

2.若发现银行卡遗失、被盗或者遭伪造等情形，应及时撤销或者废除旧卡，尽快更换新卡，不让非法之徒有获利生存的空间。

（三）持卡人需要注意银行卡注销的时效

某日，武汉的宋先生突然发现钱包里的一张银行卡不见了，于是他连忙拨通银行卡客服电话，要求办理银行卡挂失，但银行需要收取银行卡挂失费及补卡费共计55元。考虑到自己还有一张银行卡，宋先生决定干脆把丢失的银行卡注销，以免再花钱挂失、补卡。得知宋先生打算销卡后，客服人员告诉他，如果注销银行卡，中间还有45天的预销卡等待期限，期限届满之后才能正式销卡，这期间可能出现的所有风险完全由持卡人承担。因害怕银行卡在预销卡等候期间内被他人盗用，宋先生只得花钱挂失并补卡。

实务中，发卡银行与持卡人一般会约定，“银行卡注销后45天内，万一发生盗刷等风险，所有责任由持卡人自行承担”。前述案例中，宋先生对于银行的

①转自百度知道：《银行披着合法外衣的霸王条款有哪些？》，网址：http://zhidao.baidu.com/question/78415028.html.

②黄育杉：《信用卡遗失最好赶快办理挂失》，网址：http://www.lawtw.com.

“霸王条款”虽然很是无奈,但权衡利弊后还是决定按照银行的规定办理了挂失及补卡手续,原本注销银行卡的民法意思自治精神未能得到体现。

不同发卡银行对于注销卡的时效,以及销卡生效之前的损失分担,其规定大同小异。比如招商银行认为,银行卡销卡后有可能被再度激活,只要持卡人在合理期限内提出申请,且通过银行评估后便可重新使用。由于银行方面认为不排除他人掌握持卡人信息后激活已注销银行卡的可能性,一旦因此被盗刷,所有损失完全由持卡人一方承担。因此,持卡人销卡后不能将卡片随意丢弃,而应剪断银行卡背面磁条,让卡片彻底作废。中国农业银行相关人士则称,多数银行收到持卡人销卡要求后,都有一个30～45天的预销卡期,之后才能正式销卡。因为持卡人销卡时可能还有消费未入账,延期销卡有助于持卡人全部结清未清偿债务,进而对持卡人本身是有利的。农业银行银行卡业务人员提醒消费者,如果持卡人已销卡,一定要把卡片销毁;如果卡片丢失,最好不要轻易销卡,而是第一时间挂失,将风险转嫁于银行。①

五、持卡人透支还款方面的维权

(一)持卡人应当谨慎选择还款方式

持卡人对于银行卡债务一般有两种还款方式,一是全额还款,二是部分还款甚至是最低额还款。对于前一种还款方式而言,只要持卡人在免息期内及时足额还款,通常不用负担贷款利息。对于后者而言,持卡人虽然一时的还本付息负担较轻,但长远而言,要支付高额的贷款利息。对于发卡银行而言,它当然喜欢选择后一种还款方式的持卡人,前一种持卡人消费者对于发卡银行的利润贡献很少。

选择哪种还款方式,还同消费者的消费习惯有很大关系。在美国,大多数银行卡持卡人比较喜欢最低还款额的方式,他们甘愿支付较高的银行贷款利息。在中国,如果持卡人经济实力相对较强,有充裕的资金来归还发卡银行的循环周转贷款,那么就完全没有必要采取部分还款甚至最低额还款方式。选择最低额还款方式,无异于替银行打工,短期内看来是痛快地花了银行的钱而不是自己的钱,但长远而言会让自己背上沉重的债务负担。从银行卡产业发展的历史经验和普遍规律看,选择最低额还款方式的银行卡持卡人,是培养“卡奴”的温床和摇篮。总体而言,持卡人选择最低额还款方式无异于饮鸩

①《信用卡注销45天内风险自担被质疑霸王条款》,载于2011年3月10日《武汉晨报》,网址:http://www.sina.com.cn.

止渴。

(二)银行卡债务协商机制

2011年新出台的《商业银行银行卡业务监督管理办法》第70条规定,在特殊情况下,确认银行卡欠款金额超出持卡人还款能力且持卡人仍有还款意愿的,发卡银行可以与持卡人平等协商,达成个性化分期还款协议。个性化分期还款协议的最长期限不得超过5年。

个性化分期还款协议应当包括以下几个方面的内容:欠款余额、结构、币种;还款周期、方式、币种、日期和每期还款金额;还款期间是否计收年费、利息和其他费用;持卡人在个性化分期还款协议相关款项未全部结清前,不得向任何银行申领银行卡的承诺;双方的权利义务和违约责任等。双方协商一致并签署分期还款协议的,发卡银行及其发卡业务服务机构应当停止对该持卡人的催收行为。

从金融监管制度层面确立双方协商机制的合法性,堪称银行卡法律实践的一个巨大进步。银行卡债务协商机制本身,意味着持卡人能够获得债务重组的机会,确立了一种新的债务清偿措施,在一定程度上增强了债务人清偿债务的灵活性与可选择性。在我国台湾地区,各发卡银行一般均设有债务协商单一窗口专线,有债务协商需求的民众,可直接向往来最大债权银行提出申请,此机制无年龄限制。[①]达成个性化分期还款协议实际上是一种债务重组安排。这里有以下几个方面的问题值得注意。一是谁可以发起该机制?原则上是持卡人主动。面对众多的持卡人,发卡银行不大愿意也不可能同持卡人进行一对一的协商谈判,这样做的成本非常高。二是谁有最终的决定权?显然在于发卡银行,因为它是债权人。债务人即便是提出再合理、再诱人的重组建议,债权人不同意也是枉然。三是债务重组必然以债权人一方放弃一部分经济利益为前提,否则债务重组不可能进行。四是除非发生像2007年美国那样的金融危机,个性化分期还款协议不可能在较大的范围内广泛推行,如果允许每个持卡人在不能按期还款的情况下都可以进行债务协商,那么对于发卡银行来说也是不公平的。五是债务协商机制是发卡银行一种履行社会责任的方式,

①《"消费金融案件债务协商机制"正式启用》,网址:http://www.lawtw.com/article.php?template = article_ content&area=free_browse&parent _ path=, 1655, &job_id=85659&article_category_ id =263&article_ id =38641.

让众多的持卡人陷于“破产”境地不应当是发卡银行追求的社会目标。[①]

(三)认真对待不良信用记录问题

在我国由于征信体系的逐步健全与完善,不良信用记录对于持卡人的负面影响日益凸显。各家商业银行对于申请人的授信申请,一般都会调取、查阅其信用记录,有不良信用记录者往往会得不到银行的授信,即便是能够得到其条件必然会十分苛刻。此外,不良信用记录还会对持卡人的其他社会行为造成消极影响,如对外担保、重新就业甚至其配偶、子女向银行申请授信等。[②]如果不是因为持卡人自身的问题而导致不良信用记录的出现,持卡人应当及时与登记不良记录信息的金融机构联系,提供有力证据,解释具体原因,取得该金融机构的理解并及时在征信系统中做出相应的处理。如果是基于本人的原因而出现不良记录,最好及时还款以清偿债务,及时让自己的信用记录回复良性状态。如果确实不能及时还款,也应当与发卡银行及时联系、协商,争取实现个性化分期还款目标,尽早消除不良信用记录。

六、持卡人境外刷卡消费时的维权

持卡人出国旅游,一般携带外币现金都有数量限制,所以带上一张通用的国际银行卡也是必需的。银行卡携带方便,安全可靠,突然遇到紧急用钱的情况时还可透支应急。因此拥有一张国际银行卡成为持卡人出国消费的理想金融工具。

(一)境外使用银行卡的基本原则

1.银行卡安全使用是第一要务

在国外消费时,持卡人应当注意特约商户门口或者结账柜台处的银行卡标志,如果门口有VISA、MASTER CARD等银行卡标志,就代表这家商店可以接受该类标识银行卡的刷卡消费。

使用银行卡进行国际消费时,如果特约商户询问持卡人凭密码还是签名支付,持卡人可以根据自己的意愿做出选择。持卡人在国外刷卡或者提现时,在使用非银联网络支付的时候,国外收单机构通常把它当作非中国标识卡来

---

①《“消费金融案件债务协商机制”正式启用》,网址:http://www.lawtw.com/article. php?template = article_ content&area=free_browse&parent _ path=, 1655, &job_id=85659&article_category_ id =263&article_ id =38641.

②《盘点信用卡使用的十大陷阱》,转自中国经济网,2010年6月4日,网址:http://finance.ce.cn/rolling/201006/04/t20100604_ 15816729_ 5. shtml.

处理。换而言之,同时具有中国银联和VISA两个标志的银行卡,会被当作VISA卡支付;同时具有中国银联和MASTER CARD两个标志的银行卡,会被当作MASTER CARD来支付。尽管国内收单机构可以支持银行卡凭密码支付的功能,但国外收单机构对于国内各银行发行的双币银行卡(国际银行卡),通常是不支持密码支付功能的,所以持卡人选择签名支付即可。所以在申领国际银行卡后要做的第一件事,就是在卡背后磁条上方签字栏中签好自己难以模仿的名字。持卡人对于发卡机构的客服电话应当记下来,一旦发现卡片丢失,应当于第一时间紧急挂失,以免被人盗刷。

持卡人于境外持卡消费时,还要注意刷卡消费时所使用的结算币种,不同币种之间的兑换费用有时会相差很大。持卡人填写签购单时,通常要留意三个栏目下显示的金额:基本消费金额、税费及总金额。持卡人签字时务必详细查看总金额,并核对正确无误后再签字确认。持卡人签单时,应保证自己的签名与卡片背面的签名相符,不要在有金额空白等不完整的签购单上签字。①

此外,专家建议持卡人出境旅游时,银行卡和身份证件(包括护照、身份证或港澳通行证)一定要分开放置、保存,以免同时丢失而引发很大不便。

2.使用银行卡的便利程度是持卡人的次要选择

依据银行卡国际组织的网点分布和收费标准,以及资金清算的渠道建设和收单效率,持卡人在不同的国家和地区刷卡消费,可选择不同卡种的国际银行卡。持卡人可以考虑的建议主要有:(1)如果持卡人在欧美国家刷卡消费,可携带MASTER标识银行卡,因为万事达卡在欧美国家市场占有率相对较高;(2)如果持卡人在东亚国家如日本和韩国等刷卡消费,最好携带VISA国际信用卡,理由是这些国家对于VISA卡的接受程度高,资金清算安全、方便、快捷;(3)如果持卡人在东南亚国家刷卡消费,可选择使用带有VISA标识的银行卡,因为这些国家对于VISA卡的收单机构众多,POS设备以及ATM机具布点广泛,可保证刷卡交易更加顺畅、便捷和高效;(4)持卡人若前往香港、澳门等中国的特别行政区,使用中国银联卡比较方便而且划算。银联标识银行卡在香港地区刷卡消费可以直接以人民币结算,持卡人能够少负担1%～2%的货币转换费用。②

3.境外刷卡的成本费用考量

①徐志宏主编:《商业银行信用卡业务》,中国金融出版社,2005年版,第161页。

②高晨:《Visa封堵境外银联通道专家支招境外刷卡》,转自理财网,2010年6月7日,网址:http://gold.Iicai360.com/licaiinfo/6025156.shtml.

持卡人消费者在国外使用银行卡刷卡消费或者支取现金,一般会遇到收取货币转换费的问题。货币转换费,又称"国际结算费",是银行卡国际组织为了缓释跨境、跨币种资金清算的汇率风险,在名义上向发卡银行收取的费用,并不直接向持卡人收费。[①]但是实际上,该笔费用最终会以各种方式转嫁在持卡人身上。

VISA等银行卡国际组织向发卡银行收取的货币转换费一般为1%,而且发卡银行还可以在国际卡组织1%费用的基础上自主加收部分费用,如上海浦东发展银行双币银行卡境外交易货币转换费,在境内银行中收费最高,为2%;而中国工商银行VISA双币卡的货币转换费为1%,并未向持卡人额外加收。

如果持卡人前往非美元地区,如欧元地区,由于结算货币是当地货币,即欧元,持人民币/美元双币卡消费,需要将美元折算成欧元,回国后用人民币还款时又需要将人民币折算成美元,持卡人不仅面临可能的汇率损失,还要支付1%~2%的货币转换费用。因此持卡人在不同国家刷卡消费时,应当谨慎选择不同的银行卡国际组织支付清算通道,以避免产生不必要的货币转换费用。

在澳大利亚,关于银行卡收费还有一些比较特殊的规定。如有些特约商户的POS机在接收并处理中国银行卡时,会自动识别出不是澳大利亚本地的银行卡。此时,持卡人会面临是用澳元(AUD)还是用美元(USD)结算的选择问题,同时会给出一个POS机所属的收单银行采用的美元对澳元的汇率。因为用美元结算涉及货币转换问题,所以持卡人应当选择按照用澳元结算会比较有利。同样,持卡人携带银联卡在澳大利亚消费或者透支时,如在POS机上出现"澳元或人民币"的选项,持卡人也应该选择使用人民币结算而不是澳元结算。持卡人使用双币银行卡并选择非银联通道结算时,如果消费币种与银行卡外币币种不同,就会产生"货币兑换手续费"。2010年中美两国在WTO展开的关于电子支付的国际争端,起因就在VISA ,MASTERCARD等与中国银联持卡人选择支付清算渠道以及双币银行卡的货币兑换费用问题。[②]

实际上,不同银行、不同卡种,货币兑换费率会有较大差异,如中国工商银行的VISA/MASTER/AE卡的货币兑换费率分别是1%,1.1%和1.5%;其他银行的费率通常在1.5%~1.8%。持卡人消费者在国外刷卡消费时,应当关注货币兑换费问题。国内有个别银行规定,只要银行卡在中国大陆之外的地方消费,

---

①张安立:《货币兑换提高消费成本出境游备好两张信用卡》,载于《理财周刊》,2011年3月1日,网址:http://finance.eastday.com/money/m4/20110301/u1a5750829.html.

②《VISA和银联冲突升级》,载于《21世纪经济报道》,2010年9月21日。

无论币种是否相同，统统收取“境外交易手续费”，这对持卡人来讲当然是不公平的。不同发卡银行的货币转换费用有所不同，因此在同等条件下，消费者可选择货币转换费较低的发卡银行所发行的银行卡。

（二）境外刷卡消费时维权的注意事项

1.持卡人授权的刷卡交易，但金额有误。

无论什么时候，持卡人在境外刷卡消费时，一旦银行卡支付交易有问题，只要提供相关证件，持卡人就可以撤销该笔交易或者得到赔偿。需要强调的是，持卡人消费者出国消费的银行卡签单及购物小票（消费回单）必须安全保存一段时间，不能马上丢弃，以便核对账单时使用。①

发生错误交易或取消交易时，持卡人一定要当面撕掉交易凭证，以避免商户作假；如果是联机交易，持卡人可以要求收银员当场做交易撤销处理，若不能撤销也要取消交易的凭证，留作证据。②

持卡人入住酒店刷卡做预授权交易时，持卡人最好不要在预授权的单据上签字，如必须签字也要签在背面。同时注意卡片不应离开持卡人本人的视线。

持卡人如果对于本人账户中列示的消费或取现交易存有异议，可以向发卡银行提出查询与交易有关的单据或凭证，要求发卡银行及时启动调单拒付程序。

2.银行卡遭遇盗刷、冒刷的情况。

持卡人应注意及时核对自己的银行卡账单，一旦发现本人银行卡有在境外被盗刷、冒刷的情况，应当立即与发卡银行联系。持卡人应当提供充分的证据，以证明自己履行了安全保管、使用银行卡的义务，并举证自己确实与盗刷、冒刷的交易完全无关。只要证据充分，持卡人不用承担与盗刷、冒刷相关的资金损失。像维萨、万事达等银行卡国际组织均规定了持卡人非授权交易的“零责任”。按照银行卡国际组织的仲裁程序，不管是收单银行还是发卡银行承担盗刷、冒刷的损失，均与持卡人没有任何关系。

总而言之，持卡人在境外消费时，如果是本人授权的交易，主要风险控制环节在于特约商户处；如果不是本人授权的交易，应当与发卡银行联系、协商，通过发卡银行进行维权处理。这也再次证明，发卡人与发卡银行之间的法律

①赵永林主编：《信用卡安全机制与法律问题的理论与实践》，法律出版社，2009年版，第251页。

②徐志宏主编：《商业银行信用卡业务》，中国金融出版社，2007年版，第161页。

关系,是银行卡民事法律关系中最为关键和重要的部分。

【典型案例】

张跃状告母校老师和银行

江苏南京江宁区人民法院曾审理一起信用黑名单引发的名誉权纠纷案。南京小伙张跃(化名)从未办过银行卡,却因为“恶意透支”上了银行黑名单。经调查,原来是母校一位代课老师崔某捡到他的身份证去办了银行卡,并且透支消费2000余元。考虑到信用污点会影响自己的社会评价,张跃将老师和银行一起告上了法院。

张跃在诉状中说,收到银行账款催缴单后,他苦思冥想也回忆不起来自己曾经申请过银行卡,最后不得已只好报警。警方调查后发现,“肇事者”原来是他母校的代课老师崔某。由于涉案金额不大,警方没有立案。虽说崔某后来将恶意透支的钱还给了银行,但他拒绝赔偿张跃的其他损失。同时,银行也不同意从征信系统中删除张跃的不良信用记录。张跃认为自己的名誉权受到了侵害,要求崔某和银行赔偿其名誉损失费8000元,精神抚慰金5000元,并要求撤销银行的不良信用记录。

法院审理过程中,两被告都极力撇清自己跟这件事的关系。崔某抗辩说,银行卡虽是他办的,但不是他透支的。银行一方的抗辩理由是,他们对申请人的身份证明资料只进行形式审查,对于银行卡申请表的真实性也只能通过电话方式予以确认,发卡银行已经尽到形式审查义务,不存在任何主观过错。

【以案说法】

信用卡黑名单引发的誉权纠纷案

江宁区法院审理后认为,崔某擅自盗用张跃的身份证申请办理银行卡的行为,属于“盗用、假冒他人姓名”的情形,侵犯的是张跃的姓名权,而非名誉权。银行没有尽到合理的审查义务,在侵权过程中亦有过错。那么张跃索赔是否有法律依据呢?江宁法院认为,持卡人被列入信用记录黑名单,对持卡人从事商业活动及其他社会、经济活动具有重大不良影响，持卡人就此要求经济损失和精神损害赔偿，是合情合法的。最终，法院判决崔某赔偿1700余元，银行赔偿400余元。

【法条链接】

中华人民共和国侵权责任法

第六条　行为人因过错侵害他人民事权益，应当承担侵权责任。根据法律规定推定行为人有过错，行为人不能证明自己没有过错的，应当承担侵权责任。

第七条　行为人损害他人民事权益，不论行为人有无过错，法律规定应当承担侵权责任的，依照其规定。

第八条　二人以上共同实施侵权行为，造成他人损害的，应当承担连带责任。

第九条　教唆、帮助他人实施侵权行为的，应当与行为人承担连带责任。

教唆、帮助无民事行为能力人、限制民事行为能力人实施侵权行为的，应当承担侵权责任；该无民事行为能力人、限制民事行为能力人的监护人未尽到监护责任的，应当承担相应的责任。

第十条　二人以上实施危及他人人身、财产安全的行为，其中一人或者数人的行为造成他人损害，能够确定具体侵权人的，由侵权人承担责任；不能确定具体侵权人的，行为人承担连带责任。

第十一条　二人以上分别实施侵权行为造成同一损害，每个人的侵权行为都足以造成全部损害的，行为人承担连带责任。

第十二条　二人以上分别实施侵权行为造成同一损害，能够确定责任大小的，各自承担相应的责任；难以确定责任大小的，平均承担赔偿责任。

第十三条　法律规定承担连带责任的，被侵权人有权请求部分或者全部连带责任人承担责任。

第十四条　连带责任人根据各自责任大小确定相应的赔偿数额；难以确定责任大小的，平均承担赔偿责任。

支付超出自己赔偿数额的连带责任人，有权向其他连带责任人追偿。

第十五条　承担侵权责任的方式主要有：

(一)停止侵害；

(二)排除妨碍；

(三)消除危险；

(四)返还财产；

(五)恢复原状；

(六)赔偿损失；

(七)赔礼道歉；

(八)消除影响、恢复名誉。

以上承担侵权责任的方式,可以单独适用,也可以合并适用。

第十六条　侵害他人造成人身损害的,应当赔偿医疗费、护理费、交通费等为治疗和康复支出的合理费用,以及因误工减少的收入。造成残疾的,还应当赔偿残疾生活辅助具费和残疾赔偿金。造成死亡的,还应当赔偿丧葬费和死亡赔偿金。

第十七条　因同一侵权行为造成多人死亡的,可以以相同数额确定死亡赔偿金。

第十八条　被侵权人死亡的,其近亲属有权请求侵权人承担侵权责任。被侵权人为单位,该单位分立、合并的,承继权利的单位有权请求侵权人承担侵权责任。

被侵权人死亡的,支付被侵权人医疗费、丧葬费等合理费用的人有权请求侵权人赔偿费用,但侵权人已支付该费用的除外。

第十九条　侵害他人财产的,财产损失按照损失发生时的市场价格或者其他方式计算。

第二十条　侵害他人人身权益造成财产损失的,按照被侵权人因此受到的损失赔偿;被侵权人的损失难以确定,侵权人因此获得利益的,按照其获得的利益赔偿;侵权人因此获得的利益难以确定,被侵权人和侵权人就赔偿数额协商不一致,向人民法院提起诉讼的,由人民法院根据实际情况确定赔偿数额。

第二十一条　侵权行为危及他人人身、财产安全的,被侵权人可以请求侵权人承担停止侵害、排除妨碍、消除危险等侵权责任。

第二十二条　侵害他人人身权益,造成他人严重精神损害的,被侵权人可以请求精神损害赔偿。

第二十三条　因防止、制止他人民事权益被侵害而使自己受到损害的,由侵权人承担责任。侵权人逃逸或者无力承担责任,被侵权人请求补偿的,受益人应当给予适当补偿。

第二十四条　受害人和行为人对损害的发生都没有过错的,可以根据实际情况,由双方分担损失。

第二十五条　损害发生后,当事人可以协商赔偿费用的支付方式。协商不一致的,赔偿费用应当一次性支付;一次性支付确有困难的,可以分期支付,但应当提供相应的担保。

【扩展阅读】

持卡人为什么要维权

一、持卡人持卡消费的流程

银行卡作为一种新型的信用支付工具,在我国出现的时间并不长。从资金划拨方式来看,银行卡支付属于电子资金划拨系统中的消费性电子资金划拨方式。电子资金划拨系统分为小额电子资金划拨系统与大额电子资金划拨系统,大额电子资金划拨主要是指针对商业性用户(包括银行)与银行之间进行的资金流通;小额电子资金划拨又称消费性电子资金划拨或零售性电子资金划拨,通常服务的对象是国内的个人消费者,这类资金划拨金额较小但划拨较为频繁,一般用银行卡发动交易。[①]

银行卡的特点主要有四项:一是无须担保和保证金即可办理;二是先消费后还款,存款无利息;三是透支有50天以上的免息期;四是消费时不使用密码仅凭签名即可刷卡消费。但我国绝大多数银行卡却采用密码消费方式。银行卡运作的一般过程是:首先申请人向发卡银行申请核发银行卡,发卡银行经过信用调查程序根据申请人的收入状况核定一定的信用额度后发给银行卡。银行卡上印有持卡人的姓名、卡号、有效期限等并留有持卡人预留签名。之后,持卡人凭银行卡到贴有发卡机构标志的特约商户处购买商品或享受服务,特约商户则由电子终端或电话、电传取得授权,审核持卡人的卡片、签名及其他必要证件无误后,接受持卡人刷卡消费。持卡人只需在银行卡签购单上签字而无须支付现金,特约商户凭持卡人签字的签购单向发卡机构要求付款,发卡机构收单后经审核签名无误便于一定时间内扣除手续费后付款给特约商户。

① 刘颖:《电子资金划拨法律问题研究》,法律出版社,2001年版,第63页。

最后,发卡银行于每月定期寄出明细对账单,通知持卡人偿还代其垫付的款项,持卡人可选择到期日前偿还全部金额而免于支付利息,或选择仅偿付最低还款额并支付循环利息。

二、持卡人持卡消费的劣势地位

银行卡主要是通过当事人之间订立的一组合同群来完成交易,它的支付需依赖一定的网络来完成。这种网络叫作消费性或小额电子资金划拨系统,人们根据小额交易活动的多样化要求及实现交易的便利程度,设计了多种消费性电子资金划拨系统,其中常见的是:自动柜员机系统、销售点终端系统、居家银行系统和自动清算所系统。与一般意义上的交易方式相比银行卡交易呈现以下劣势:

(一)风险承担范围更广

在钱货两清的现金交易中,普通消费者承担的是生存风险和经济风险。而在银行卡交易中,银行卡消费者承担的风险除此以外还包括隐私风险,因为银行卡交易与钱货两清的现金交易相比其中引入了"消费者个人信用调查"环节,这一环节将消费者的个人隐私及信用状况置于信用调查企业及信用情报使用企业的掌管之下,如果他们使用不当必然会对信用消费者的隐私权和信用权造成不当侵害。同时消费性电子资金划拨所具有的高效率,使消费者对支付指令的撤销权越来越受限制。从本质上来说,支付指令只是消费者要求银行进行付款的一种指令,在这种指令最终得以完成之前,消费者有权加以撤销。在采用支票支付时,自签署支票到最终完成支付存在着一个时间差,在这个时间差内消费者可以采取措施撤销其支付指令。在消费性电子资金划拨中,消费者的这种撤销权则受到了极大的限制。

(二)谈判地位更低

在钱货两清的现金交易中,持有现金的普通消费者往往处于"上帝"的地位,因为在买方市场条件下,市场上存在众多的卖家,他们在与消费者交易时迫于竞争的压力而不得不考虑消费者的正当合理要求,而持有现金的消费者也不愁有钱买不到东西,在这种情况下消费者享有与交易相对人大体平等的讨价还价的机会。银行卡消费者的情况则有所不同,他们往往是即期购买力不足之人,资金的缺乏以及对某些商品的渴求使其处于有求于人的地位,与对方讨价还价时缺少底气,从而任人宰割。尽管社会上也存在众多的信用经营企业,但经济人追求利润最大化的自利本性使得他们不可能怜悯处于弱势地位的消费者。

（三）信息获取更不对称

在现金交易中一般都是一手交钱一手交货，消费者可以凭肉眼对所购商品的质量进行检测，从而做出是否购买的决定，而在银行卡交易中由于银行等金融机构的加入，使得银行卡消费者更加难以判断相关信息。因为银行等金融系统有自己独立的操作规程，如利率的计算，银行卡的发行以及手续费等，这些专业化的操作是作为外行人的信用消费者所无法了解的，这就为具有经济人“自利”本性的金融机构欺诈信用消费者提供了可乘之机。

（四）交易条件更难掌握

在现金交易中，交易十分简单，消费者只需对比商品的质量和价款即可，而且许多商品无须获得商家的协助即可自行做出判断。但在银行卡交易中是采用先进的数字流转技术来完成信息的传输和资金的划拨的，并且一项银行卡交易的发起以及支付的完成其当事人除发卡行和持卡人外，还涉及零售商、零售商收款银行、零售商开户银行、资金结算系统、经营主体数据处理者（网络公司）等多个当事方。当出现故障不能及时准确地进行资金划拨时，法律责任很难确定。在银行卡服务中金融机构掌握着资金划拨的技术和资金、划拨的信息，而消费者却既不懂技术，又往往忽略对书面终端收据的索取。一旦对划拨服务有异议，在目前技术手段和法律体系中，可能存在无法证实和证伪的漏洞，并因此而导致显失公平的法律风险。

（五）自由选择权所受限制更大

在普通交易中，交易合同一般都不采取格式合同（虽然有些具有独占地位的行业及特殊行业也采用格式合同进行交易，但不占主导地位），因而普通消费者在交易时可以与交易相对人进行对等谈判，从而使自己的合理意愿得以表达。但银行卡交易当事人之间的法律关系，主要通过一组合同群来调整，且这些多属格式合同。这种合同一般是由银行卡服务提供者事先单方拟订而非双方讨价还价的结果，因此难免会出现一些只对拟订者有利而损害持卡人利益的条款，而对这些条款消费者通常只得被迫接受，这无疑剥夺了银行卡消费者的自由选择权。

三、银行卡法规对持卡人权益保护的具体制度规定存在不足

我国现行法律体系中从民商事角度调整银行卡的法律规章有：《民法通则》《最高人民法院关于贯彻执行〈中华人民共和国民法通则〉若干问题的意见（试行）》《合同法》《担保法》《消费者权益保护法》中的一些条文；《中国人民银行法》《商业银行法》中的有关规定；中国人民银行颁布的《银行卡业务管理办

法》、《电子支付指引(第一号)》等等。当然,各商业银行制定的银行卡章程、银行卡领用合同和特约商户协议书等都在为我国银行卡业务的发展提供有力的保障和支持。我国银行卡法规在具体制度上的一些不足,从中不难发现我国的银行卡立法在宏观上存在下列问题:

(一)现有的银行卡规定较为散乱,缺乏专门的法规来调整银行卡交易

1.现行调整银行卡业务的规定没有一个较高层次的法律作为核心

银行卡交易不同于普通的消费行为,一些法律中的规定虽然可以适用,但它侧重于解决普通的交易纠纷问题,对于银行卡交易中出现的问题缺乏针对性,如《消费者权益保护法》仅作为普通消费者保护的纲领性文件,对于持卡人这一消费群体只能起到原则性的保护,而没有顾及银行卡交易的特殊性,可操作性不强。而中国人民银行制定的专门用于调整银行卡业务的规定——《银行卡业务管理办法》和《电子支付指引(第一号)》,它们均属于部门规章,在效力层次上低于法律和行政法规,权威性不强,一旦符合银行卡业务发展要求的规范与法律的某些规定冲突时,法官在处理相关的银行卡纠纷案件时对于法律的适用将感到无所适从。

2.现有的关于银行卡的规定没有形成系统的银行卡法律体系

我国调整银行卡业务的专门规定主要是两部部门规章,它们的内容多集中于银行卡业务的管理机构、业务审批、账户管理与风险管理等问题,对于信息充分披露、错误处理程序、未经授权划拨、抗辩权等与持卡人休戚相关的问题,要么没有规定要么规定的过于简单。同时,由于我国银行卡业务发展时间不长,行业内部缺乏针对银行卡业务管理的配套性规定,如何保护电子数据、持卡人的隐私、资金安全等法律问题都没有得到很好的解决。各大银行又纷纷出台各自的银行卡章程,用于调整相关的银行卡业务,导致有关银行卡业务的规定缺乏统一性,使普通民众很难全面系统地了解。

3.现有的关于银行卡的规定涉及持卡人权益的内容很少

尽管,人民银行对卡种管理收费方法及公平竞争等问题也出台过相关的指导性政策,但涉及消费者权益的内容很少,有的只是简单罗列一些基本权利,并没有实质的保护措施;有的权利,如隐私权、知情权、抗辩权等根本没有系统提及更不用说具体的保护措施了。从整体来看,我国缺乏一部详细的可操作的法律,来规范发卡机构、持卡消费者和特约商户之间的权利义务关系,更缺乏对银行卡消费者权益的特殊保护。消费者在使用银行卡过程中出现的许多问题,无法在现有法律法规中找到解决的依据,如银行卡申领人的个人资

料被申领银行共享给保险公司；银行卡不激活也收年费；由于客服热线无法正常接通导致不能及时挂失，发卡行却要求持卡人还清被盗刷金额，这种状况导致大量银行卡纠纷案件难以通过法律途径加以解决。严重损害了银行卡消费者的正当权益，阻碍了银行卡产业的健康发展，也在一定程度上对我国金融秩序的稳定造成了影响，完善银行卡法律规制，保护银行卡消费者的权益已经迫在眉睫。

（二）现有的银行卡规定已经无法跟上银行卡业务发展的"步伐"

银行卡消费作为一种新型的消费方式，应该受《消费者权益保护法》和《合同法》的调整，但这两部法律皆制定于20世纪90年代，那时的银行卡业务在国内才刚刚起步，纠纷较少关系也比较简单，发展至今，银行卡业务规模急剧扩大，纠纷多而复杂，《消费者权益保护法》和《合同法》中的一些原则性规定已经无法满足解决银行卡纠纷的需要。而迄今为止较为完备地对银行卡业务做出规定的部门规章——《银行卡业务管理办法》也存在不少问题。在性质上，它是一部由中国人民银行管制银行卡业务的管理法，对于调整银行与客户关系的条文较少，侧重于保护银行的安全，诸多规定如抗辩权完全切断条款不仅没有实现对持卡人的保护，反而可能加重持卡人的负担。在《银行卡业务管理办法》的罚则中，全是规定行政责任和刑事责任的条款，《办法》中很少有追究民事责任的条款。现实生活中较为常见的为数额较小，情节较轻不构成犯罪的银行卡纠纷，《办法》的规定虽然有利于整个银行卡业务的规范运行，但不利于对当事人经济利益的保护，不利于纠纷的及时解决。有鉴于此，2005年4月24只发改委、财政部、央行等九部委联合发布了《关于促进银行卡产业发展的若干意见》，建议由国务院指派专门机构负责研究起草《银行卡条例》。虽时至今日，相关条例还处于"酝酿"之中，但在某一方面也体现出政府迫切寻求立法革新满足银行卡业务发展需要的决心。

（三）现有的关于银行卡规定对持卡人权益保护不力，不适应社会发展的潮流

《合同法》和《消费者权益保护法》虽然已经把消费者作为弱势主体加以特别的保护，为消费者的公平交易权及知情权提供了一定的法律支撑，但对持卡人在银行卡交易这类特殊的信用消费中的权益保护却没有另行规定。十年前颁行的《银行卡业务管理办法》在内容规定上已经不符合当今法律侧重保护消费者权益的立法潮流，显得陈旧而落后，甚至成为各大银行手中制定不公平格式条款，损害持卡人利益的凭据。《银行卡业务管理办法》中虽对持卡人的权利

义务做出规定,但持卡人的义务大于权利。该《办法》将更多的权利交于发卡行,由其通过制定银行卡章程、银行卡领用合同等文件来规定持卡人的权利义务。发卡行基于自身利益考虑,在这些文件中倾向于将更多的责任交由持卡人和特约商户来承担,降低自身风险,弱化对持卡人权益的保护。而《电子支付指引(第一号)》以规范电子支付、强化电子支付安全性为主要内容,其全文始终都在强调安全性问题,从立足点来看,其目的仍是控制金融机构的风险,保障金融机构的利益,于实践中银行卡业务的开展并未给出适当的指导,也未强调对于持卡人权益的保护。而在社会现实生活中,无论是为促进银行卡业务长远的发展,还是为获取银行卡交易的短期利益,都应该从保护持卡人权益出发,让持卡人体会到使用银行卡的安全、快捷,增强他们使用银行卡的信心,促进银行卡业务的交易量,在立法上加强对持卡人权益的保护。

四、持卡人的权利义务失衡

在银行卡业务中,持卡人权利义务的配置源于银行卡领用合同和银行卡章程的规定。银行卡交易中易发生纠纷,造成持卡人权益受损,根本原因在于法律对这一领域的规制存在缺漏,即对银行的单方行为规制较少,具体体现在各大银行的银行卡领用合同和银行卡章程中。发卡行利用其经济上的优势地位,制定各式各样的格式合同,申领人只有说"不"的权利,而没有说"不公平"的权利。银行卡领用合同和银行卡章程都存在一个非常明显的问题,即持卡人的权利义务失衡问题,换言之持卡人享有的权利不多,承担的义务却不少。具体而言,突出表现在以下两方面:

(一)发卡行对于冒用、盗用银行卡风险的免责

在中国建设银行的银行卡领用合同规定:"甲方不得将龙卡银行卡转让、出租他人,在互联网上使用时应保证安全,防止信息泄露,否则,由此产生的一切后果由甲方承担。"而在其银行卡章程第41条和42条中也有类似规定:"为了保护自己的合法用卡权益不受侵犯,持卡人在收到人民币银行卡卡片后,应立即在卡片背面的签名栏内签上与申请表上相同的常用签名,并在用卡交易时使用此签名。因卡片未签名导致的交易责任及损失由持卡人承担。""持卡人应妥善保管和正确使用密码,不应将密码透露给任何人。凡使用密码进行的交易,发卡银行均视为持卡人本人所为。因密码保管或使用不当而导致的

损失由持卡人本人承担。”在《中国农业银行金穗银行卡章程》第13条[①]、《中国工商银行牡丹银行卡章程》第7条[②]、《中国银行长城银行卡章程》第13条[③]中都有类似规定。这些条款不分青红皂白，一味地将银行卡冒用或盗用的风险加诸持卡人身上，而没有限定自身对于相关风险的防范性责任，纯粹是利用优势地位降低自身风险的行为。固然，对于银行卡被冒用或盗用的问题，持卡人确实存在相当的责任，但银行卡的使用必须经过发卡行这一特定的机构，其完全有能力减少相关损失。在银行卡申领之时，便将相关的风险统统归于持卡人，对持卡人权益的保护熟视无睹，这完全是一种不公平的行为。

（二）发卡行对于商品服务质量风险的切断

《中国建设银行龙卡人民币银行卡章程》第49条规定：“持卡人与商户之间发生的任何交易纠纷，均应由双方自行解决，发卡银行不承担任何责任，持卡人不应以此为由拒绝向发卡银行偿还所欠款项。”在《中国农业银行金穗银行卡领用合约》第8条第3款[④]和《中国银行长城国际银行卡领用合同》第8条[⑤]同样有相似规定。这些条款制定后，一旦持卡人与特约商户就商品服务质量问题发生纠纷，发卡行可以此为据，规避风险。此条款的设定，源于1999年中国人民银行颁布的《银行卡业务管理办法》，在此部门规章中亦有同样的规制。[⑥]

---

①参见《中国农业银行金穗信用卡章程》第13条：“凡使用密码进行的交易，发卡银行均视为持卡人本人的合法交易。由持卡人本人签名的交易凭证和各类交易产生的电子信息记录，均为该项交易的有效凭证。”

②参见《中国工商银行牡丹信用卡章程》第7条：凡使用密码进行的交易，发卡机构均视为持卡人本人所为。依据密码等电子信息办理的各类结算交易所产生的电子信息记录均为该项交易的有效凭证。

③参见《中国银行长城信用卡章程》第13条：发卡银行对使用密码进行的交易，均视为持卡人本人所为，持卡人应妥善保管私人密码。无论依据密码等电子信息办理各类结算交易所产生的电子记录，还是不用密码登记持卡人有效身份证件号码及本人签名的交易凭证，均为该项交易的有效凭证。

④参见《中国农业银行金穗信用卡领用合约》第8条第3款：乙方不得以特约商户发生纠纷为由拒绝支付所欠甲方的款项。

⑤参见《中国银行长城国际信用卡领用合同》第8条：乙方及其附属卡持卡人与特约商户或受理银行发生交易纠纷时，由双方自行解决，乙方不得以纠纷为理由拒绝偿还因使用国际卡而发生的债务。

⑥参见《银行卡业务管理办法》第54条第4款：持卡人不得以和商户发生纠纷为由拒绝支付所欠银行款项。

这对于持卡人权益的保护是相当不利的。

现行各大银行的规定都存在相似的问题,对于持卡人权益保护的力度不够。在分析了现行的银行卡协议之后,应该如何减少持卡人对风险的承担,加强对其权益的保护,是摆在我们眼前相当严峻的问题。

第四单元　银行卡交易的民事责任

——是违约责任还是侵权责任

【精讲精析】

一、银行卡非授权使用概述

银行卡是一种双层次信贷合同体系，持卡人对银行卡债务拥有货币财产上的用益物权，可以把它理解为货币财产权的一种变异。货币财产权是指基于货币财产而产生并以货币财产为客体，由货币财产的直接或间接持有人依照法律规定所享有的财产权利总和。它具有持有、购买、清偿、兑换、投资等积极权能以及赔偿请求方面的消极权能。①罗马民法认为，债权可以成立用益权，金钱之债可以成立准用益权。②

(一)银行卡非授权使用的概念

国际惯例是“一人一卡一授权”。银行卡的非授权使用，是指违反持卡人与发卡机构之间的合同约定，未经真正持卡人的同意而使用银行卡的行为。

(二)银行卡非授权使用的类型

银行卡的非授权即银行卡的非合理使用与非法使用，包括两种情形：一是指违反了发卡机构的银行卡章程以及银行卡使用协议约定而使用银行卡的行为。如超限额提取现金或者超限额透支消费等，所形成的法律后果则为银行卡违约，应承担相应的违约责任，如缴纳高额的超限费、违约金等。二是违反现行金融法律法规的规定而使用银行卡的行为。也包括两种情形——一般性违法使用和银行卡犯罪。银行卡一般性违法使用会造成银行卡侵权行为，其侵害的客体主要是持卡人的私权，应承担相应的民事侵权责任。银行卡犯罪

① 刘少军、王一柯著：《货币财产权论》，中国政法大学出版社，2009年版，第96、114、140页。

②〔意〕桑德罗·斯奇巴尼选编，范怀俊、费安玲译：《物与物权》(第二版)，中国政法大学出版社，2009年版，第291页。

则表现为违反现行有效的刑事法律等强制性规定,侵害的客体是国家金融秩序和社会公共利益等,应承担相应的刑事责任。

下列简图表明银行卡使用的诸类型:

- 银行卡使用
  - 银行卡授权使用
  - 银行卡非授权使用
    - 银行卡非合理使用(违约责任)
    - 银行卡非法使用
      - 银行卡违法(侵权责任)
      - 银行卡犯罪(刑事责任)

二、银行卡消费违约责任

(一)银行卡消费违约责任的概念

违约责任是违反合同的民事责任的简称,是指当事人违反合同约定的义务,不履行合同债务时,而依法应当承担的赔偿损害、支付违约金等民事法律责任。[①]银行卡使用中的违约责任是指银行卡当事人因违反其应履行的合同义务时所应承担的一种法律后果。

(二)银行卡消费违约责任的特征

1.银行卡当事人间存在合同约定。

发卡人与持卡人,发卡人与收单机构,收单机构与特约商户,特约商户与持卡人等银行卡当事人之间均存在合同约定,无论是否可归责于各方当事人的事由导致损失,均可依合同约定确定责任归属。

2.合法有效的银行卡当事人之间不构成侵权,不存在责任竞合适用的余地。无论根据我国的现有法律规定,还是传统的民法原理,对于银行卡当事人之间除合同约定的义务之外,并无法律强加的义务,无适用侵权责任的余地。

3.银行卡当事人之外的第三人有可能对银行卡当事人构成侵权,但不影响银行卡当事人之间根据违约责任原则确定责任归属。例如,银行卡冒用,第三人显然构成侵权,可以运用第三人侵害债权制度确定责任归属,但在银行卡当事人之间,仍以双方当事人的合同约定确定责任归属。

4.但在有些特殊的情况下,也存在着侵权责任适用的余地。例如,如果持

① 王利明著:《违约责任论》,中国政法大学出版社,2000年版,第23页。

卡人银行卡被冒用,持卡人与特约商户间并不存在合同关系,就有可能适用侵权责任。

违约责任是保障债权实现和债务履行的重要措施,在实践中,只要能证明违约行为的主体是合同关系的当事人,违约行为在性质上违反了合同义务并且在后果上导致了对合同权利的侵害就应当承担违约责任。承担违约责任是合同法律效力的体现。依法成立的合同受法律保护,合同的债权债务是相对应的,债权人实现债权须靠债务人履行债务,如果合同当事人没有履行约定的义务,债权人的权利就无从实现。违约实际上也是广义上的违法,法律对不履行合同的行为要追究责任,让不履行义务者承担不利的法律后果,亦即承担违约责任。

(三)银行卡消费违约责任的构成要件

1.违约责任以有效合同的存在为前提。

违约责任是合同当事人违反合同义务的法律后果,而合同义务只能是合同当事人在有效合同中约定的义务。当事人之间的合同假如是无效的,他们之间也就不存在受法律保护的合同义务。可见,当事人之间存在有效合同,是违约责任的基本前提条件之一。

2.违约责任的条件可以约定。

违约责任是违反合同义务的法律责任,而合同义务是当事人依法自行约定的。当事人在合同中可以约定合同义务种类、约定违约后的法律后果,还可以约定在何种条件下,当事人承担违约责任。只要当事人的约定不违反法律的强行性规定,不违反公序良俗,就应当依其约定。

3.合同当事人一方存在违约行为。

4.合同当事人另一方受到损害。

5.违约方的违约行为与另一方损害之间存在因果关系。

(四)银行卡消费违约责任的归责原则

所谓违约责任归责原则,即是确定违约当事人违约责任的法律原则,它是指合同当事人不履行合同债务或者履行合同债务不符合约定时,应依据何种原则使其向对方当事人负责的一种法律制度。换言之,如果合同一方当事人在履行合同过程中发生违约行为,法律是以当事人的过错,还是以已发生的违约后果作为判断标准,从而使违约当事人承担责任。这种判断过程实际上体现了法律的价值取向,而这种法律价值判断往往又是通过仲裁或者司法审判程序而最终完成的。归责原则是确定违约当事人的民事责任的法律原则,是整个民事责任制度的核心，它是确定行为人所应承担的民事责任的根据和标准。

违约的归责原则通常包括过错责任原则和严格责任原则，侵权责任归责原则通常包括过错责任原则、无过错责任原则、公平责任原则等。银行卡交易中的违约归责原则同样必须遵循法律所确定的归责原则，因此，在银行卡交易中，应当根据违约责任的归责原则即严格责任原则与过错责任原则确定责任归属。但是，由于银行卡交易的特殊性，银行卡交易中的归责原则也有不同于其他归责情形的特点。

1.严格责任原则

合同法中的严格责任，是指不论违约方主观上有无过错，只要其不履行合同债务给对方当事人造成了损害，就应当承担合同责任。[①]

银行卡交易中损害发生后，不能动辄从过错的有无及其大小的角度思考问题，而是首先应从由哪一方违约的角度思考，守约一方只需证明另一方构成违约，而不必证明其主观上出于故意或过失。我国《合同法》第107条规定："当事人一方不履行合同义务或者履行合同义务不符合约定的，应当承担继续履行，采取补救措施或者赔偿损失等违约责任。"可见我国采用的违约责任归责原则主要是严格责任原则。严格责任一般是指不论违约方主观上有无过错，只要其不履行合同债务给对方当事人造成了损害，就应承担合同责任。[②]比如持卡人在丢失银行卡后没有及时挂失，结果银行卡被人冒用透支，法律不管银行卡是持卡人遗失或是银行卡被他人盗窃，由此造成的损失由持卡人负担。

2.过错责任原则

过错责任原则，是指在一方违反合同规定的义务，不履行和不适当履行合同时，应以过错作为确定责任的要件和确定责任范围的依据。这里有两层含义：一方面，过错责任原则要求以过错作为确定责任的构成要件，即确定违约当事人的责任，不仅要考察违约人的违约行为，而且要考察违约当事人的主观上的过错，若当事人没有过错，则虽有违约行为发生，违约当事人也不承担责任。另一方面，过错责任原则要求以过错作为确定责任范围的依据，即在已经确定违约当事人应承担违约责任的情况下，还应当根据违约当事人的主观过

①崔建远：《合同责任研究》，吉林大学出版社，1992年版，第17页。

②梁慧星：《从过错责任到严格责任》，载于梁慧星主编：《民商法论丛》第8卷，法律出版社，1999年版，第4-5页。

错程度来确定违约当事人所应承担的责任范围。[①]我国现行合同法在将严格责任作为一般责任规定下，并未否定过错责任原则，只不过是将过错责任原则作为法律特别规定的情况下对待的。《合同法》第120条规定："当事人双方都违反合同的，应当各自承担相应的责任。"这即是《合同法》对过错责任原则的最为明确的规定。

过错责任原则在银行卡交易风险的责任分配中具有重要的意义。银行卡交易中的损失往往不是当事人一方造成的，而是由各方当事人的过错相互结合所造成的。这时，适用过错责任原则可以根据各方当事人的过错程度合理地分配损失的负担。

3.银行的过错责任推定原则

银行卡交易中的违约民事责任，对于银行作为一方当事人相对于持卡人时，应当实行对银行的过错推定责任原则。[②]这是由银行卡交易的以下几个特点所决定的，利用过错推定责任原则将更有利于保护持卡人或受害人，以实现民法的公平原则。

(1)银行地位的特殊性

银行从事关系全民的行业，国家对从事银行这一行业规定了特殊的资格要求；银行的经济实力雄厚；银行对其经营风险有足够的预测能力，有足够的实力进行风险自保。

(2)银行卡交易的特殊性

银行卡交易往往采用电子交易的性质，而银行对电子交易保留了强大的计算机处理能力；银行为了其资金核算，保留了长期的交易凭证，而银行客户很少保留有交易凭证；银行之间具有庞大的交易体系，获取证据比较容易。

(3)银行技术的先进性

现代银行采取了先进的技术，而且技术手段越来越发达，而银行客户无从掌握以及了解这些技术。

---

①王利明：《违约责任论》，中国政法大学出版社，2003年版，第75-76页。

②过错责任推定原则的基本方法是，通过举证责任的倒置来实现过错推定，即如果加害人不证明或者不能证明自己不存在过错，则认定其有过错并结合其他构成要件而承担相应的民事责任，如果加害人能够证明自己没有过错则不宜承担民事责任。我国《合同法》中，总则制度中并未规定过错推定责任，但在《合同法》分则制度中，多处规定有过错推定责任原则。

三、银行卡消费侵权责任

(一)银行卡侵权行为的概念

银行卡侵权行为是指发卡机构、收单机构、特约商户、非授权使用人以及任何第三方银行卡服务机构对于持卡人财产、人身等民事权益的侵害行为。一般性违法使用会造成银行卡侵权行为,其侵害的客体主要是持卡人的私权,应承担相应的民事侵权责任。

(二)银行卡侵权责任的构成要件

1.侵权行为的违法性

非授权使用人必须具备有损害他人人格权、财产权特别是消费信用权的具体行为。侵犯消费信用权包括但不限于下列情形:侵犯持卡人的人身权与财产权;故意虚构事实、编造自以为真实但实际虚假的事实、轻信他人主张的虚假事实;以非法利益为目的而窃取他人身份信息进行银行卡申请,任何以非法利益为目的而窃取真正持卡人账户信息的行为。

2.具有损害事实

侵害消费信用权的行为作用于社会,从而导致公众对特定经济主体经济能力的不信任和社会经济评价的降低,以及由此造成的财产利益损失。其主要表现为:①信用利益的损失,包括社会评价的降低、公众经济信赖的减损;②权利主体财产利益的损失。该财产利益主要是指物质或者经济利益的损失,可以通过货币金额准确估算和计量。

3.行为人具有主观故意或过失情节

侵害消费信用权的主观过错不能仅限于故意,不论行为人主张或者散布有损于他人信用的事实是否出于故意还是过失,均可构成对消费信用权的侵害。理由是,法律全面保护民事主体的信用权,对过失造成信用损害不予救济不合法理。主张侵害消费信用权的主观过错以故意为限,是套用刑法关于罪过的规定,民法中的侵权行为主观过错不宜要求过苛。[①]

4.侵权行为与损害事实之间具有因果关系

消费信用权受损的事实应当是侵害行为直接导致的结果。侵害行为必须是受害结果的直接原因,没有该侵害行为就不可能发生受害的结果,消费信用权被侵害的结果与银行卡侵权行为之间必须具备直接的逻辑关联关系。

---

①全国人大常委会法工委民法室编:《侵权责任法立法背景与观点全集》,法律出版社,2010年版,第1047页。

(三)银行卡侵权的归责原则

银行卡侵权的主体包括:与持卡人有合同关系的发卡机构、收单机构、特约商户和无持卡人授权而使用银行卡的第三人以及银行卡中介组织等。对于不同的侵权责任主体,应当采用不同的归责原则。对于发卡机构、收单机构或特约商户,由于其在与持卡人的经济交易中处于强势和有利地位,如果侵权是由于发卡机构或特约商户单方的原因造成,无受害人或者第三人的因素使然,根据我国《侵权责任法》第6条第2款的立法精神,应采取特殊过错推定责任原则和举证责任倒置的原则。[①]对于非授权使用的第三人侵权,应采取一般过错推定责任原则。银行卡非授权使用,应结合非授权使用人的民事过错程度、是否有欺诈故意以及纯粹经济损失程度来综合考虑并追究当事人的民事责任,如果涉嫌侵犯刑事法律,还要追究其相应的刑事责任。

对于其他银行卡中介组织如银行卡国际组织的侵权,应采用公平责任原则。

1.发卡银行、收单机构或特约商户对持卡人侵权的归责原则

基于银行卡业务的专业性、复杂性,持卡人对于银行卡法律纠纷的应对能力十分有限,银行卡领用协议属于格式合同,其中很多条款有利于发卡银行而不利于持卡人,再加之发卡银行对银行卡业务的风险及收费条款信息揭示不充分,持卡人与发卡银行之间的法律地位显然不对等。出于保护持卡人正当合法权益的目的,在银行卡侵权法律纠纷中,发卡银行必须证明自己确实没有故意或者过失,并且必须证明其有法定的抗辩事由,才能免于承担相应的侵权法律责任。以此类推,基于收单业务的高度专业性及特约商户的强势地位,收单机构和特约商户在银行卡交易中的实力、地位也明显优于持卡人,因而同样适用于发卡机构一样的侵权归责原则。这就是“不可推倒的过错推定”原则或“不可推倒的责任推定”原则,又称之为特殊过错推定责任原则。

在银行卡侵权纠纷案件中,受害人(真正持卡人)提出主张,只能举证证明是否受到损害及损害程度如何,对侵权人是否有过错客观上面临举证不能的困难,只能存有合理怀疑。特别是在侵权行为具有隐蔽性、专业性、独立性和无客观判断标准的情况下,如果坚持由受害人举证,不但在事实上不可能,而且对受害人也很不公平。

---

①奚晓明、王利明主编:《侵权责任法新制度理解与适用》,人民法院出版社,2010年版,第26页。

2.第三人对持卡人侵权的归责原则

第三人侵害持卡人权益的成立，一般应同时满足以下三个标准：具有主观故意；其行为属于权利滥用或违反公序良俗，具有民事违法性；对持卡人的利益造成事实上的损害，并且该损害结果与侵权行为直接相关。第三人对持卡人的侵权行为是否成立，应严格按照上述三个要件进行衡量，因此该类侵权的归责原则应贯彻一般过错推定责任原则。如果加害人能够证明损害不是由于他的过错所致，可以免除相关的侵权责任。

3.银行卡中介组织的侵权归责原则

银行卡中介组织采取不合理收费等不正当竞争手段时，违反的往往是各国的公平竞争法或反垄断法，而且其侵害的对象为非特定的持卡人消费者，在侵权对应关系上表现为一对多。在美国有很多关于针对银行卡国际组织的集团诉讼。因此，银行卡国际组织的侵权往往导致它与群体性当事人或者主权国家发生对抗，出于对广大持卡人消费者权益的依法、合理、适度保护，对侵权人的归责原则采取公平责任原则。

（四）银行卡侵权的表现形式

1.冒用他人身份信息申请办理并以恶意透支为目的使用银行卡的侵权行为。

2.因银行卡遗失、被盗等而被冒用的侵权行为。

3.以融通资金为目的办理银行卡并以附卡违规对外支付的，发卡银行未尽谨慎审核之义务应独立承担侵权责任。

发卡机构对于银行卡账户上资金的支付，除了应遵守中国人民银行的部门行政规章以外，还应当对于资金的汇划履行高于一般程度的注意义务，或者称之为特别注意义务，否则应承担因此而给持卡人带来的损害赔偿责任。

4.发卡机构因擅自制作信用黑名单而侵害持卡人名誉权。

5.发卡机构在未经通知持卡人的情况下自行提高服务费、手续费收取标准或比例而侵害持卡人的知情权和公平交易权。

【典型案例】

案例一　金穗卡超限额透支违约案[①]

1997年5月13日，某县某公司委派其出纳员持公司企业法人营业执照、法

① 转自中国案例库，网址：http://policy.mofcom.gov.cn/blank/ccase!fetch.action?id=ams1500064.

定代表人身份证明及本单位财务室出具的担保书，在中国农业银行某县支行原告处办理了持卡人为该公司经理的中国农业银行金穗银行卡（单位卡）一份。1997年5月14日，该公司将其所有的瓠城大厦在县房地产交易部门办理抵押监证仲裁登记手续，评估价值为204.48万元，仲裁意见为最高限额担保贷款143万元。1997年9月9日，该公司以该房产设定抵押，向中国农业银行某县支行担保贷款75万元。1998年1月17日，公司以外出购货为由，向中国农业银行某县支行申请金穗卡超限额透支20万元，透支期限三个月，并以其上述房产作抵押担保。中国农业银行某县支行经审查后，与该公司签订金穗银行卡超限额透支合同，并于同年1月23日将该合同约定款额20万元划入公司持卡人的存款账户，供公司支取。此后因公司未履行还款义务，酿成诉讼。中国农业银行某县支行向县人民法院起诉，要求公司偿还该20万元透支款本息。

案例二　银行卡中心侵权纠纷案[①]

2006年9月至2007年8月间，被告张某在某学校担任教师。在此期间，原告王某在工程学校学习。2006年9月，张某捡到王某的身份证，在未经王某同意的情况下，擅自利用王某的身份证，同时伪造了王某的收入证明，通过网上认识的李某向被告招商银行南京分行职员孙某提交了银行卡申请资料。孙某又将该申请资料邮寄给被告银行卡中心。同年10月，银行卡中心根据张某提供的申请资料，通过电话方式进行了审核，批准并发放了户主为王某、卡号为×××××××的涉案银行卡。2007年1月9日，张某用涉案银行卡恶意透支消费2397.60元，致使王某的姓名被列入银行不良信用记录。王某得知后向公安机关报案，此后张某向银行归还了该笔透支款。2007年10月26日，银行卡中心删除了王某的银行不良信用记录。

案例三　银行卡侵权纠纷上诉案[②]

李某是招商银行银行卡的客户，其于2004年10月21日向招商银行申请办理了银行卡，卡号为×××××××。2005年9月15日上午11时45分和11时57分，上述银行卡在某营业部处分别刷卡消费4680元和11040元，并在银行卡签购单上签有“李某”的签名。当日13时05分，李某以电话方式对该银行卡进行挂失。

①转自《最高人民法院公报》侵权类案例，网址：www.qinquanfa.com/Article/Article.aspx?Id=1591.

②转自汇法网，网址：http://vip.lawxp.com/Casecenter/Show/c285603.html.

同年11月19日,李某向广州白云国际机场公安局刑事警察支队报案,称于2005年9月15日丢失银行卡等物品。李某对该银行卡丢失后至挂失前的八笔消费金额不认可,认为是被他人冒用银行卡消费的,本案15720元只是其中的两笔。李某因此向原审法院起诉,请求判令:某营业部赔偿15720元,该公司对所属某营业部的债务承担补充清偿责任。

案例四　杨某诉银行侵犯名誉权案①

2007年6月23日,原告在被告处办理一张工商银行银行卡(贷记个人卡,不能透支)。2007年10月14日,原告因忘记密码,到被告处申请重置密码。被告为原告办理了此项业务,并在原告卡账上记载欠人民币10元。2008年1月17日,被告被告知卡上欠费后,在该银行卡上存款20元。2008年2月1日,被告从原告卡上扣取重置密码费、滞纳金、超限费、利息共计15.59元,现卡上余额4.41元。后原告在其他银行办理银行卡时,得知自己在中国人民银行征信中心的信用明细表中由于工商银行卡欠费未及时还上而产生不良信用记录,其因此办卡受阻。经与被告协商未果,诉至法院。2008年2月份,原告到该行使用此银行卡,被告工作人员告知,该卡已透支,并将其列入银行系统不良信用记录黑名单。原告认为,被告未经原告亲笔签名办理银行卡,原告自持卡未曾消费过一次。该银行系统不良信用记录黑名单系银行做出且对原告的所有信贷问题产生不良评价,直接影响原告信贷声誉。被告在原告未消费又未告知原告的情况下,擅自将原告列入黑名单,致原告贷款受阻,社会评价降低,给原告造成极大伤害。

【以案说法】

案例一　公司应承担未按规定履行合同的违约责任

县人民法院经审理认为:原、被告之间的法律关系基于金穗卡超限额透支合同而产生。原、被告签订此合同时,意思表示真实,合同内容不违背国家相关法律、法规及《中国农业银行金穗卡使用章程》之规定,其从合同中的抵押物已办理了抵押物登记手续,故原、被告所签订的金穗卡超限额透支合同及其从合同均为有效合同,应依法予以保护。被告没有按照合同约定的期限清偿透

①110判裁案例,网址:http://www.110.com/panli/panli_258453.html.

支款，且经原告多次追要仍不履行还款义务，是引起本案纠纷的主要原因，对此，被告应承担相应的违约责任。原告要求被告偿还透支款本息的诉讼请求，理由正当，应予支持。透支款利息的计算，应依《中国农业银行金穗银行卡章程》的规定计算。根据《中华人民共和国经济合同法》第六条、第四十条第二款第（一）项，《借款合同条例》第六条、第十六条，《中华人民共和国担保法》第四十九条第一款、第五十九条、第六十条规定，该院于1998年10月13日判决如下：

被告于判决生效后十日内偿还原告银行卡透支款20万元及利息（利息自1998年1月23日起至2月6日止按每日万分之五计算，自2月7日起至2月21日止按每日千分之一计算，自2月22日起至还清款之日止按每日千分之二计算）。逾期不能清偿，变卖被告抵押物，原告对变价款享有优先受偿权。

本案涉及的中国农业银行金穗银行卡之章程规定，单位卡透支限额3000元，个人卡透支限额1000元；透支利息自透支当日起按日息万分之五（相当于年息千分之一百八十二点五）计算，从第16日起按日息千分之一（相当于年息千分之三百六十五）计算，超过一个月或透支超过规定限额的，除加倍付息外，并取消其使用银行卡的资格，追回所欠本息。需要说明的是，本案中似乎存在是否取消被告使用银行卡的资格的问题，如果有这个问题，应由原告根据章程决定，不属于法院处理范围。但实际上原告不能以被告超限额透支为由取消其使用银行卡的资格，因为被告这种透支行为是根据与原告签订的透支合同进行的，性质上已不是急需时的善意透支或违反章程的恶意透支，而是一种银行卡关系中的借贷行为。如果仍以银行卡透支行为看待，则被告因透支合同取得了银行卡超限额透支权，逾期不还，只能构成合同违约行为，不能认定为未签订透支合同的透支侵权行为，原告作为发卡银行即不享有其章程中所规定的那种透支侵权行为发生后的取消权。①

案例二　张某盗用、假冒王某姓名、侵犯他人姓名权

1.本案中被告张某在捡到原告王某遗失的身份证后，既未将身份证归还原告，也未征得原告同意，而是擅自使用原告的身份证，以原告的姓名申请办理银行卡，并在使用银行卡时透支消费，导致王某的姓名被列入银行不良信用记录，其行为即属于盗用、假冒他人姓名、侵犯他人姓名权的民事侵权行为。

2.被告张某在实施涉案侵权行为时虽系被告某学校的教师，但张某在本案

---

① 科教园法律硕士培训班经典案例。

中的行为并非受学校指派而为的职务行为,而是其个人行为,与学校无关。故学校对于原告王某被侵权的后果不应承担法律责任。孙某虽系招行某分行的员工,但其接受和转递涉案银行卡申请资料是出于为朋友帮忙,完全是其个人行为,并非履行招行南京分行交办工作的职务行为。且其个人行为与招行某分行无关,故对于王某被侵权的后果,招行某分行不应承担法律责任。被告银行卡中心是接受客户申请,为客户开办银行卡的专门机构,负有审核客户提交的银行卡申请资料的义务。正是由于银行卡中心没有尽到合理的审查义务,才导致被告张某侵犯王某姓名权的行为得以最终实施成功。因此,银行卡中心对于王某被侵权的后果存在过错,应当承担相应的法律责任。

3.原告王某提出的赔偿请求包括名誉损失8000元、精神损害抚慰金5000元、失业保险金5400元、交通费964元,以上总计19364元。原告同时要求撤销其在银行的不良信用记录。就本案而言,王某因被告张某、银行卡中心的侵权行为,导致其在银行征信系统存有不良信用纪录,该不良信用记录对王某从事商业活动及其他社会、经济活动具有重大不良影响。虽然在查清事实后,银行卡中心已经把王某的不良信用记录删除,但损害已经实际发生,给王某实际造成了精神上的痛苦,妨碍了其内心的安宁,其社会评价也必然因此而降低。因此,根据最高人民法院《关于确定民事侵权精神损害赔偿责任若干问题的解释》的有关规定,王某在姓名权受到侵犯、导致名誉受损的情况下,提出精神损害赔偿的诉讼请求,应予支持。参照最高人民法院《关于审理名誉权案件若干问题的解释》的相关规定,综合考虑侵权人的过错程度、侵权行为的具体情节、给受害人造成精神损害后果以及本地区的平均生活水平等情况,酌定王某的精神损害抚慰金为2000元;关于王某主张的交通费损失,考虑到王某为解决本案纠纷必然支出一定的交通费用,根据其相应的乘车次数和路线,酌定其交通费损失为164元;王某主张的其他经济损失没有事实依据,故其相关诉讼请求不予支持。鉴于银行卡中心已经将其姓名从银行征信系统不良信用记录中删除,故王某关于撤销其银行不良信用记录的诉讼请求已经得到满足,不必再行判决 此案一审宣判后,双方当事人均未提出上诉,一审判决已经发生法律效力。

案例三 特约商户应承担相应的侵权责任

银行卡持卡人李某因银行卡丢失而遭他人冒用,给持卡人本身造成财产损失,冒用人构成对持卡人的侵权。特约商户某公司综合营业部对冒用人持卡消费应履行谨慎的审核义务，检查消费者本人的身份证件及签名是否与原卡申请人一致。本案中特约商户某公司综合营业部未尽谨慎核对义务，则构成对真正持卡人的侵权，并应承担相应的侵权责任。

案例四　工商银行侵害持卡人杨某的名誉权

1.原告与被告所签牡丹卡领用合约，属合同关系。该合同关系中除存储关系外，还存在在第三方消费及其他服务事项的内容。原告称其未亲自签名，但其将身份证复印件交付给被告的行为，视为其同意缔约，应认定双方合同成立有效。既然原、被告之间存在合同关系，那么双方应当依法履行合同，特别是被告方除依照合同为原告提供服务外，更应依照诚实信用原则为原告提供周到便捷的服务。虽然原、被告所签牡丹卡领用合约上载明:被告有权从其账户中扣收相关费用(比如手续费、年费等),但因原告领取的牡丹卡属非透支卡，应对约定的扣收理解为卡上有钱的情况下，可扣收相关费用。如卡上无钱，被告不能行使扣收的权利。从“扣”的字面含义理解，也应当是有存款才可能发生扣款行为，其本身账上无存款，如果扣款，就是变相使用银行卡透支。另外，原告重置密码是在被告单位的营业大厅临柜办理，被告应明确告知原告交纳手续费10元。原告如果明知应交纳手续费，却拒不交纳，那么被告可不予办理。现被告无充分证据证明其告知重置密码应交纳手续费，且违反规定在原告银行卡上无钱的情况下扣收相关费用，从而使原告的银行卡产生违约记录，显属侵权。

2.违约记录的产生给原告办理银行卡或办理贷款业务带来不便，确给其精神造成一定痛苦，被告应给原告以一定的经济补偿。至此，法院判定发卡银行侵害持卡人杨小兵名誉权成立，并负责相应的精神损害赔偿。

3.如果属于不良记录，应按《个人信用信息基础数据库管理暂行办法》的有关规定，对此违约记录予以更正。确因技术问题无法更正的，应做特殊批注，并在征信服务中心网络给原告赔礼道歉。

【法条链接】

中华人民共和国民法通则

第一百〇六条　公民、法人违反合同或者不履行其他义务的，应当承担民事责任。

公民、法人由于过错侵害国家的、集体的财产,侵害他人财产、人身的,应当承担民事责任。

没有过错,但法律规定应当承担民事责任的,应当承担民事责任。

第一百〇七条　因不可抗力不能履行合同或者造成他人损害的,不承担民事责任,法律另有规定的除外。

第一百〇八条　债务应当清偿。暂时无力偿还的,经债权人同意或者人民法院裁决,可以由债务人分期偿还。有能力偿还拒不偿还的,由人民法院判决强制偿还。

第一百〇九条　因防止、制止国家的、集体的财产或者他人的财产、人身遭受侵害而使自己受到损害的,由侵害人承担赔偿责任,受益人也可以给予适当的补偿。

第一百一十条　对承担民事责任的公民、法人需要追究行政责任的,应当追究行政责任;构成犯罪的,对公民、法人的法定代表人应当依法追究刑事责任。

【扩展阅读】

全国法院审理金融犯罪案件工作座谈会纪要(节录)

一、关于单位犯罪问题

根据刑法和《最高人民法院关于审理单位犯罪案件具体应用法律有关问题的解释》的规定,以单位名义实施犯罪,违法所得归单位所有的,是单位犯罪。

1.单位的分支机构或者内设机构、部门实施犯罪行为的处理。以单位的分支机构或者内设机构、部门的名义实施犯罪,违法所得亦归分支机构或者内设机构、部门所有的,应认定为单位犯罪。不能因为单位的分支机构或者内设机构、部门没有可供执行罚金的财产,就不将其认定为单位犯罪,而按照个人犯罪处理。

2.单位犯罪直接负责的主管人员和其他直接责任人员的认定。直接负责的主管人员,是在单位实施的犯罪中起决定、批准、授意、纵容、指挥等作用的人员,一般是单位的主管负责人,包括法定代表人。其他直接责任人员,是在单位犯罪中具体实施犯罪并起较大作用的人员，既可以是单位的经营管理人员，也可以是单位的职工，包括聘任、雇佣的人员。应当注意的是，在单位犯罪中，对于受单位领导指派或奉命而参与实施了一定犯罪行为的人员，一般不宜作为直接责任人员追究刑事责任。对单位犯罪中的直接负责的主管人员和其他直接责任人员，应根据其在单位犯罪中的地位、作用和犯罪情节，分别处以相应的刑罚，主管人员与直接责任人员，在个案中，不是当然的主、从犯关系，有的案件，主管人员与直接责任人员在实施犯罪行为的主从关系不明显的，可不分主、从犯。但具体案件可以分清主、从犯，且不分清主、从犯，在同一法定刑档次、幅度内量刑无法做到罪刑相适应的，应当分清主、从犯，依法处罚。

3.对未作为单位犯罪起诉的单位犯罪案件的处理。对于应当认定为单位犯罪的案件，检察机关只作为自然人犯罪案件起诉的，人民法院应及时与检察机关协商，建议检察机关对犯罪单位补充起诉。如检察机关不补充起诉的，人民法院仍应依法审理，对被起诉的自然人根据指控的犯罪事实、证据及庭审查明的事实，依法按单位犯罪中的直接负责的主管人员或者其他直接责任人员追究刑事责任，并应引用刑罚分则关于单位犯罪追究直接负责的主管人员和其他直接责任人员刑事责任的有关条款。

4.单位共同犯罪的处理。两个以上单位以共同故意实施的犯罪，应根据各单位在共同犯罪中的地位、作用大小，确定犯罪单位的主、从犯。

二、关于金融诈骗罪

1.金融诈骗罪中非法占有目的的认定。金融诈骗犯罪都是以非法占有为目的的犯罪。在司法实践中，认定是否具有非法占有为目的，应当坚持主客观相一致的原则，既要避免单纯根据损失结果客观归罪，也不能仅凭被告人自己的供述，而应当根据案件具体情况具体分析。根据司法实践，对于行为人通过诈骗的方法非法获取资金，造成数额较大资金不能归还，并具有下列情形之一的，可以认定为具有非法占有的目的：(1)明知没有归还能力而大量骗取资金的；(2)非法获取资金后逃跑的；(3)肆意挥霍骗取资金的；(4)使用骗取的资金进行违法犯罪活动的；(5)抽逃、转移资金、隐匿财产，以逃避返还资金的；(6)隐匿、销毁账目，或者搞假破产、假倒闭，以逃避返还资金的;其他非法占有资金、拒不返还的行为。但是，在处理具体案件的时候，对于有证据证明行为人不具有非法占有目的的，不能单纯以财产不能归还就按金融诈骗罪处罚。

2.金融诈骗犯罪定罪量刑的数额标准和犯罪数额的计算。金融诈骗的数额不仅是定罪的重要标准，也是量刑的主要依据。在没有新的司法解释之前，可参照1996年《最高人民法院关于审理诈骗案件具体应用法律的若干问题的解释》的规定执行。在具体认定金融诈骗犯罪的数额时，应当以行为人实际骗取的数额计算。对于行为人为实施金融诈骗活动而支付的中介费、手续费、回扣等，或者用于行贿、赠予等费用，均应计入金融诈骗的犯罪数额。但应当将案发前已归还的数额扣除。

三、财产刑的适用

金融犯罪是图利型犯罪，惩罚和预防此类犯罪，应当注重同时从经济上制裁犯罪分子。刑法对金融犯罪都规定了财产刑，人民法院应当严格依法判处。罚金的数额，应当根据被告人的犯罪情节，在法律规定的数额幅度内确定。对于具有从轻、减轻或者免除处罚情节的被告人，对于本应并处的罚金刑原则上也应当从轻、减轻或者免除。

单位金融犯罪中直接负责的主管人员和其他直接责任人员，是否适用罚金刑，应当根据刑法的具体规定。刑法分则条文规定有罚金刑，并规定对单位犯罪中直接负责的主管人员和其他直接责任人员依照自然人犯罪条款处罚的，应当判处罚金刑，但是对直接负责的主管人员和其他直接责任人员判处罚金的数额，应当低于对单位判处罚金的数额；刑法分则条文明确规定对单位犯罪中直接负责的主管人员和其他直接责任人员只判处自由刑的，不能附加判处罚金刑。

第五单元　银行卡交易的刑事责任

——是侵权责任还是刑事责任

【精讲精析】

一、银行卡消费刑事责任

（一）银行卡犯罪概念

银行卡犯罪是指违反现行有效的刑事法律等强制性规定，伪造或者利用贷记卡、借记卡等银行卡实施犯罪，侵犯银行卡管理秩序以及公私财产所有权的犯罪行为，应承担相应的刑事责任。包括银行卡诈骗、伪造银行卡及盗窃银行卡等行为。

（二）银行卡犯罪的特点

1.发案数量持续上升，危害结果日趋严重。

全国银行卡犯罪的数量一直呈现上升的趋势。据统计，2009年1月至8月，全国公安机关共立银行卡诈骗案件6362起，涉案金额4.4亿元，分别是2008年同期的2倍和2.38倍。而且，银行卡犯罪的涉案金额巨大，据有关专家估算，我国每年银行卡犯罪金额都要超过1亿元，并且出现急剧增长的态势。

2.犯罪手法不断翻新。

常见的银行卡犯罪行为有伪造银行卡，骗领银行卡，非法持有他人银行卡，使用伪造、作废或骗领的银行卡，恶意透支以及窃取、收买、非法提供信用卡信息等行为。随着网上银行、手机银行等金融工具的创新发展，银行卡犯罪也从最初的偷窥密码、在ATM机张贴假通知盗窃银行卡、安装盗码器等手法向利用互联网、通信工具等智能化犯罪发展。新的手法还衍生了一批新的犯罪工具。假银行网站、假电话银行、“一号通”、“群发器”、“VOIP”网络语音系统、

“漏斗软件”等工具均被犯罪分子利用[①]。

3.利用网上银行实施银行卡犯罪增多。

网上银行业务迅速拓展的同时,也逐渐成为犯罪分子新的作案平台。犯罪分子主要是通过各种手段获取被害人网上银行的卡号及转账密码后,利用网上银行转账功能,冒用被害人账户转移卡内资金。比如,2005年,浙江警方破获的一起案件中,犯罪嫌疑人于某通过侵入被害人邮箱盗取银行卡信息,然后利用网上银行交易系统盗划被害人资金2万余元[②]。近年来,利用网上银行实施银行卡犯罪的案件持续增多,从技术角度和作案风险角度分析,此类手法有逐步取代传统的以实体银行卡实施犯罪的趋势。

4.犯罪活动组织分工严密,涉众性犯罪居多,并出现犯罪产业化现象。

从作案人员看,有惯犯也有偶犯,有农民、工人也有学生、无业人员等,甚至还有金融机构内部人员;从犯罪性质上看,逐渐呈现出团伙性和有组织性,一些银行卡犯罪团伙从窃取、非法提供他人银行卡信息资料,制作假卡,到运输、销售、使用伪造的银行卡各个环节“一条龙流水作业”,甚至还出现了盗码、制卡、骗购、运输、销赃等活动的犯罪产业化现象;从侵害对象看,一个骗领型银行卡犯罪案件可以涉及数十人,有的短信诈骗案件被害人多达数百人。

5.跨境犯罪日益增多。

随着境内外银行卡网络的互联和国内银行卡网络的不断向外延伸,银行卡跨境犯罪不断增多,犯罪形式也从以前单纯的境外伪卡到境内盗刷,发展为境内侧录后到境外制成伪卡并取现,作案手法越来越隐蔽,且伪卡交易呈集中式爆发的特点。从而给国内持卡人和银行造成损失。此外,随着国内有些银行被批准可以从事通过网上银行平台办理境外银行卡向境内划款的业务,一些境外犯罪分子趁机利用银行卡账户作为境外银行卡犯罪的洗钱转账平台。

二、银行卡犯罪的构成

犯罪构成是确定某种行为的社会危害性及其危害程度,认定构成犯罪所应当具备的一切主观要件和客观要件的总和。犯罪构成在理论上是一个统一整体,但在不同犯罪罪名中具体表现的构成要素内容可能并不一致,所以才呈现出刑事犯罪纷繁复杂的个别化特点,银行卡犯罪同样如此。从构成要素类

①参见《五大银行卡诈骗手段大曝光:黑客盗卡号做假网》,2007年9月3日,网址:www.tech.tom.com.

②参见《若干信用卡犯罪案例的借鉴》,2007年9月3日,网址:www.zhan.cn.yahoo.com.

型上,依然遵循犯罪客体要件、犯罪主体要件、犯罪客观要件、犯罪主观要件四个方面的要件。

(一)银行卡犯罪的客体要件

银行卡犯罪所侵害的客体是复杂客体,其既侵犯了银行卡的管理制度与银行卡结算秩序,同时也侵犯了银行以及银行卡的有关关系人的公私财物所有权。

(二)银行卡犯罪的主体要件

银行卡犯罪的主体包括自然人和单位,凡达到刑事责任年龄、具有刑事责任能力的自然人均可构成;其中有一些犯罪既可以由自然人构成也可以由单位构成,例如伪造银行卡罪、妨害银行卡管理罪的犯罪主体则包括自然人和单位。

(三)银行卡犯罪的客观要件

银行卡犯罪在客观方面表现为使用伪造、变造、骗领的银行卡,或者冒用他人银行卡,或者利用信用卡恶意透支,诈骗公私财物,数额较大,或者伪造银行卡以及其他妨害银行卡管理秩序的行为。

(四)银行卡犯罪的主观要件

银行卡犯罪在主观上只能由故意构成,而且多强调行为人对行为性质的"明知",包括对行为对象或者行为结果的明知,其中银行卡诈骗罪则更强调以行为人主观上具有非法占有公私财物的目的为构成条件。如果行为人没有犯罪的故意,即使违反了银行卡管理的有关规定,甚至取得了财物,也不能以犯罪论处。如持卡人不知是伪造、作废的银行卡而使用,行为人善意透支,行为人误用了他人的银行卡等等,均不能作犯罪处理。实践中有时发生持卡人将银行卡借给他人使用的情况,形成事实上的冒用银行卡情形,但由于该使用人得到了持卡人的同意,主观上不具有非法占有他人财物的目的,因此虽然违反了有关银行卡的管理规定,仍然不能认定为犯罪。

三、银行卡侵权与银行卡犯罪的分界

(一)银行卡非法使用

银行卡非法使用是指违反现行金融法律法规的规定而使用银行卡的行为。银行卡的非法使用也包括两种情形,即一般性违法使用和银行卡犯罪。银行卡一般性违法使用会造成银行卡侵权行为,其侵害的客体主要是持卡人的私权,应承担相应的民事侵权责任。银行卡犯罪则表现为违反现行有效的刑事法律等强制性规定，侵害的客体是国家金融秩序和社会公共利益等，应承担相应的刑事责任。

银行卡的非法使用属于银行卡非授权使用的一部分，其外延比银行卡非授权使用要小。银行卡的非法使用，大多为第三人为之，但也可能是持卡人本人为之。非法使用银行卡主要包括：盗窃、欺诈、伪造文书并恶意透支，伪造、涂改、冒用银行卡，自动提款机的电脑程序设计师监守自盗以及持卡人自身的恶意透支等现象。①

(二)侵权行为与犯罪行为的区别

就法律理论而言，侵权行为与犯罪行为的区别是十分清楚的。其区别主要表现在两个方面，即侵犯的客体和法律效果不同。侵权行为是对主体权利(民事主体的财产权、人身权等)的侵犯，其法律效果是对受害人的补救(如损害赔偿)；犯罪行为是对社会秩序和公共利益的侵犯，其法律效果是对行为人的惩罚。②广义上的银行卡非法使用，既可能构成民事上的侵权，即民事违法，也可能构成银行卡犯罪。银行卡民事违法行为，是违反民事法律规定，应追究民事法律责任的违法行为。③银行卡犯罪，以欺诈故意为典型特征，如申请欺诈、伪卡欺诈、盗卡欺诈等，其侵害的客体大多会涉及社会公共安全利益，即所谓的公犯，违反的往往是强行法的禁止性规定，通常会构成犯罪，大多会受到刑事处罚并承担相应的刑事法律责任。银行卡民事违法行为对社会所产生的危害性，往往比银行卡犯罪行为要轻，对银行卡民事违法行为人追究民事责任，其严厉程度也较银行卡犯罪所承担的刑事责任轻得多。在我国《侵权责任法》颁布实施后，对银行卡侵权的概念应当准确、适当、合理地予以界定，并注意与银行卡刑事犯罪规定的内容有效衔接。但是需要注意，并非所有的银行卡非法使用均构成刑事犯罪，只有银行卡的非法使用满足当事人主观故意、给社会造成严重危害、非法使用行为与社会危害后果之间具有因果关系等要件的，才属于银行卡犯罪。非法使用中情节轻微，对当事人造成的损害不大，特别是刑法中无具体确切的对应罪名，并且无法明确判断是否造成对社会公共安全的危害时，应当按照银行卡侵权处理，主要追究当事人的民事责任。现实中，一些银行借记卡(非信用卡)的非法使用，应当追究其民事侵权责任而不应按照银行卡犯罪的有关规定而追究刑事责任。

---

①刘益灯：《国际消费者保护法律制度研究》，中国方正出版社，2005年版。

②王家福主编：《中国民法学—民法债权》，法律出版社，1999年版。

③王家福主编：《中国民法学—民法债权》，法律出版社，1999年版。

（三）银行卡侵权的民事责任优先原则

我国《中华人民共和国侵权责任法》（以下简称《侵权责任法》）第4条规定："因同一行为应当承担侵权责任和行政责任、刑事责任，侵权人的财产不足以支付的，先承担侵权责任。"由于侵权责任是民事责任的组成部分，因而此条是关于侵权民事责任优先原则的规定。银行卡侵权民事责任优先是在侵权责任、行政责任和刑事责任存在竞合条件下的责任选择顺序，主要表现为在财产赔偿和处罚上侵权责任的优先适用。①

确立银行卡侵权责任优先原则具有重要意义。首先，民事责任优先是实现民商法律立法价值的需要。民事、行政和刑事三个法律部门在保护公民、法人合法权益方面的协同性、一致性，在这些责任于客观上无法统筹兼顾时，应当从增强债权人合法权益的保护力度出发，优先选择侵权人承担民事责任。其次，遵循民事责任优先原则，能够取得良好的社会效益，追求民商事法律的人道和正义，进而更能实现民商事立法的整体价值。再次，在银行卡法律领域，确立侵权的民事责任优先原则也是维护银行卡市场秩序和交易安全的客观需要。在一方当事人对于另一方当事人享有债权的前提下，如果因为侵权人在承担财产性的行政、刑事责任后丧失清偿能力而无法清偿债务的话，在实践中债权人就会增加调查成本，承担不必要的谨慎、注意义务，打击商事交易当事人的信心，不符合民商事法律保障市场经济秩序和交易安全的既定目标。银行卡侵权责任的民事优先原则，还有另外一层含义，那就是能不用刑事处罚的则坚决不用。德国法学家汉斯认为，"刑法规范在一定程度上是立法者的最后手段"，日本法学家中山研一也认为，"把刑法当作特效药考虑的立场，是很简单但却是危险的，刑法绝不是万能的。"鉴于刑法制裁手段的严厉性和高成本性，如果任意地启用刑法手段调节社会生活，不管行为侵害法益的严重程度大小一律进行刑罚制裁，不但容易造成大量侵犯公民权利现象的发生，而且国家也难以承担如此高昂的司法成本，既浪费国家司法资源又危害社会。②我国的《侵权责任法》颁布后，银行卡领域的一些侵权违法行为可以采取民刑分流的原则，特别是原来所谓触犯刑法但又没有可直接援引适用罪名的违法行为，应当适用《侵权责任法》的有关规定处理。

①全国人大常委会法工委民法室编著：《中华人民共和国侵权责任法解读》，中国法制出版社，2010年版。

②赖修桂、赵学军：《从许霆案看刑法的谦抑性》，载于《法律适用》，2009年第2期。

(四)违法使用银行卡不一定必然构成银行卡犯罪

银行卡的一般性违法使用常常构成侵权并应承担相应的侵权责任,银行卡侵权是对其他社会成员的权利构成非刑事妨害的行为。可被侵权行为侵害的权利是那些每个人都享有的权利,如占有和享用自己财产的权利;享有家庭关系、良好个人声誉和个人隐私的权利;人身安全不受他人过失或恶意侵犯的权利。侵权和犯罪一样都是由法律明确规定的。侵权行为与犯罪行为的不同之处在于,侵权行为不被认为是对整个社会的不法行为,而只是对私人的不法行为。侵权行为与犯罪行为的其他区别在于:侵权诉讼中侵权行为人被判决有法律责任。刑事诉讼中被告要承担刑事责任后果。在侵权诉讼中,原告意图寻求被告一方对因其妨害和不法行为所导致的损害予以补偿,这种补偿通常是钱款(称为赔偿金),但也可能是要求被告返还所攫取的财产或要求被告承担其他责任。在刑事诉讼中,审判的目的在于惩罚对社会造成危害的被告,对犯罪行为的标准惩罚是剥夺罪犯的人身自由(监禁)并处或单处向政府支付刑事罚金。①

对持卡人而言,银行卡透支消费权利或者消费信用权,是一种用益物权也是一种财产权利,②财产权益是法律权利或份额,这些权利或份额的加总构成财产的所有权。对财产享有所有权的人拥有所有的财产权益,但他可以将其中的一些权益转让给他人。法律赋予财产权益的受转让人一定的权利并予以保护。因此,财产权益是一种法定权利,财产权益的合法拥有可以对任何人——包括财产的所有者——主张这种权益。通过银行卡信贷协议,信贷资金的所有者——发卡人通过转让对财产的权益,以使得自己的财产在未来得到最大限度的利润。③

①〔美〕小詹姆斯·C.肯博伊:《银行家法学原理》,中国财政经济出版社,2001年版,第34页。

②〔美〕乔治·P.弗莱彻、史蒂夫·谢泼德著,李燕译:《美国法律基础解读》,法律出版社,2008年版,第271页。财产权的概念是美国法律研究的核心。法律后果的发生更多地与财产而非合同权利有关,财产权是对财产争议进行管辖的基础,财产权和契约的区别在刑法中同样重要。

③〔美〕小詹姆斯·C.肯博伊:《银行家法学原理》,中国财政经济出版社,2001年版,第162页。

【典型案例】

案例一 报警电话还没打，钱就被人取走了[①]

2012年1月5日晚20点56分张先生的手机上收到银行发送来的一条提示短信：有人查询了他的银行卡余额。"以前也收到过类似的短信，但几乎都是诈骗类的。"张先生说。尽管如此，他还是多留了个心眼，亲自通过电话向银行查了一下，有近90万元。21点19分张先生的手机又收到一条银行发送的提示短信，这回可把他吓得不轻：在重庆百货大楼刷卡消费85.1万元。张先生感觉出了问题，立即报警。就在他报警的时候，手机又来了两条提示短信：卡上被人分两次取走现金共计5000元。21点26分手机再次响起，有人又查询了他卡上的余额。张先生说，当时卡上还可透支20余万元，取现3万元。21点40分张先生成功将这张银行卡挂失。

案例二 利用读卡器盗取客户信息制成伪卡疯狂刷金案件[②]

2011年10月2日，浙江省宁波市公安局江东分局经侦大队分别接到市民王某和许某的报案，两人的银行卡分别被人在湖南盗刷了16.6万元和18万元。银行卡明明在自己手上，却收到银行短信通知该卡在外地被刷卡消费10多万元用于购买黄金，这是为何呢？江东分局民警综合分析从银行调取的两人的银行卡消费流水单发现，两人被异地盗刷的银行卡消费交易明细单中有明显交叉点，即被盗刷前均有在宁波月湖酒店消费的情况。民警发现，两人在酒店包厢消费时服务的服务员梁某等3人，均为广东电白籍，案发后同时离职，具有重大作案嫌疑。此案侦查期间，宁波又发生多起银行卡被盗刷案件。警方通过对涉案银行卡消费情况汇总分析后发现，持卡人均有近期在宁波月湖、石浦等酒店消费的记录，且消费结账时服务人员均为广东电白籍。2012年1月初，专案组获悉线索，犯罪嫌疑人邵某等人在重庆某金店通过盗刷伪卡购买了120余万元黄金，正准备携赃物乘机带往广州。专案组决定收网抓捕，行动中，共抓获包括邵某在内的11名犯罪嫌疑人，缴获用伪卡盗刷后购买的黄金物品共计3000多克，价值120余万元，缴获伪造的银行卡十余张、读卡器5个。

①转自中国宁波网，2012年5月18日。

②转自法制网，法制日报，2012年5月24日。

案例三 网上银行交易案件

①骗子在某报纸上刊登免费贷款广告;②客户李先生主动与骗子联系;③根据骗子"要求进行身份与资信验证"的要求,李先生用1元人民币新开一储蓄账户后将有关信息(身份证号、账号、存折密码)告知骗子;④骗子用李先生的资料在网上开通了网银简易版,告知李先生"已通过身份验证,可以将存折销户",并要求李先生另开一账户,以便公司发放贷款,并多次提醒"只需要告诉我们账号与存折密码,存折自己保管好";⑤李先生照办后,骗子很专业地说"根据人民银行的规定,我们最多只能提供70%的贷款,另30%的首付您自己必须先存入存折中";⑥李先生存入6万元钱后,骗子又来电"我们将通过网上银行发放贷款,请您到建行任一网点开通网上银行后,在那儿等我们过来与你签合同";⑦李先生来到柜台签约网银,柜员提醒他"您已经在网上注册了网上银行",李先生说"没关系,赶紧给我办吧";⑧骗子收到李先生签约成功的电话后,立刻下载证书,利用网上银行分3笔转走了李先生存折中的资金;⑨李先生在等待中打不通骗子电话,觉醒后发现资金受损便报案。①

【以案说法】

案例一 犯罪嫌疑人的行为构成伪造金融票证罪

此案从银行卡业务的角度称为"侧录案件",从法律适用来看主要涉及以下罪名:(1)窃取、收买、非法提供信用卡信息罪:犯罪嫌疑人通过采取非法安装盗码器、摄像头等装置或者利用磁卡数据采集器窃取银行卡信息资料的行为,以及出售、提供给他人的行为;(2)伪造金融票证罪:犯罪嫌疑人采取复制他人信用卡将他人信用卡信息资料写入词条介质芯片等方法伪造信用卡一张以上的行为;(3)非法经营罪:犯罪嫌疑人违反国家金融管理规定,使用销售点终端机具(POS机)等方法,以虚构交易、虚开价格、现金退货等方式向信用卡持有人直接支付现金,情节严重的行为。

案例二 犯罪嫌疑人的行为构成信用卡诈骗罪

此案从银行卡业务的角度称为"伪卡案件",从法律适用来看主要涉及以

①转自法制网,2011年案件播报。

下罪名:(1)窃取、收买、非法提供信用卡信息罪:犯罪嫌疑人通过采取非法安装盗码器、摄像头等装置或者利用磁卡数据采集器窃取银行卡信息资料的行为,以及出售、提供给他人的行为;(2)伪造金融票证罪:犯罪嫌疑人采取复制他人信用卡将他人信用卡信息资料写入词条介质芯片等方法伪造信用卡一张以上的行为;(3)信用卡诈骗罪:犯罪嫌疑人使用伪造的信用卡进行信用卡诈骗活动的行为。

案例三　犯罪嫌疑人的行为构成信用卡诈骗罪

此案从银行卡业务的角度称为“网上银行案件”,从法律适用来看主要涉及以下罪名:(1)窃取、收买、非法提供信用卡信息罪:犯罪嫌疑人通过仿冒银行网银的网络地址和页面内容,或者利用真实网站服务器程序上的漏洞在站点网页中插入木马、病毒等方式窃取用户银行卡信息资料的行为;以及出售、提供给他人的行为;(2)信用卡诈骗罪:犯罪嫌疑人窃取、收买、骗取或者以其他非法方式获取他人信用卡信息资料,并通过互联网、通讯终端等使用的行为。

【法条链接】

中华人民共和国刑法

第一百七十七条　【伪造、变造金融票证罪;妨害信用卡管理罪;窃取、收买、非法提供信用卡信息罪】有下列情形之一,伪造、变造金融票证的,处五年以下有期徒刑或者拘役,并处或者单处二万元以上二十万元以下罚金;情节严重的,处五年以上十年以下有期徒刑,并处五万元以上五十万元以下罚金;情节特别严重的,处十年以上有期徒刑或者无期徒刑,并处五万元以上五十万元以下罚金或者没收财产:

(一)伪造、变造汇票、本票、支票的;

(二)伪造、变造委托收款凭证、汇款凭证、银行存单等其他银行结算凭证的;

(三)伪造、变造信用证或者附随的单据、文件的;

(四)伪造信用卡的。

单位犯前款罪的,对单位判处罚金,并对其直接负责的主管人员和其他直接责任人员,依照前款的规定处罚。

有下列情形之一,妨害信用卡管理的,处三年以下有期徒刑或者拘役,并处或者单处一万元以上十万元以下罚金;数量巨大或者有其他严重情节的,处三年以上十年以下有期徒刑,并处二万元以上二十万元以下罚金:

(一)明知是伪造的信用卡而持有、运输的,或者明知是伪造的空白信用卡而持有、运输,数量较大的;

(二)非法持有他人信用卡,数量较大的;

(三)使用虚假的身份证明骗领信用卡的;

(四)出售、购买、为他人提供伪造的信用卡或者以虚假的身份证明骗领的信用卡的。

窃取、收买或者非法提供他人信用卡信息资料的,依照前款规定处罚。

银行或者其他金融机构的工作人员利用职务上的便利,犯第二款罪的,从重处罚。

第一百九十六条 【信用卡诈骗罪、盗窃罪】有下列情形之一,进行信用卡诈骗活动,数额较大的,处五年以下有期徒刑或者拘役,并处二万元以上二十万元以下罚金;数额巨大或者有其他严重情节的,处五年以上十年以下有期徒刑,并处五万元以上五十万元以下罚金;数额特别巨大或者有其他特别严重情节的,处十年以上有期徒刑或者无期徒刑,并处五万元以上五十万元以下罚金或者没收财产:

(一)使用伪造的信用卡,或者使用以虚假的身份证明骗领的信用卡的;

(二)使用作废的信用卡的;

(三)冒用他人信用卡的;

(四)恶意透支的。

前款所称恶意透支,是指持卡人以非法占有为目的,超过规定限额或者规定期限透支,并且经发卡银行催收后仍不归还的行为。

盗窃信用卡并使用的,依照本法第二百六十四条的规定定罪处罚。

第二百二十五条 【非法经营罪】违反国家规定,有下列非法经营行为之一,扰乱市场秩序,情节严重的,处五年以下有期徒刑或者拘役,并处或者单处违法所得一倍以上五倍以下罚金;情节特别严重的,处五年以上有期徒刑,并处违法所得一倍以上五倍以下罚金或者没收财产:

(一)未经许可经营法律、行政法规规定的专营、专卖物品或者其他限制买卖的物品的;

（二）买卖进出口许可证、进出口原产地证明以及其他法律、行政法规规定的经营许可证或者批准文件的；

（三）未经国家有关主管部门批准非法经营证券、期货、保险业务的，或者非法从事资金支付结算业务的；

（四）其他严重扰乱市场秩序的非法经营行为。

第二百八十条　【伪造、变造、买卖国家机关公文、证件、印章罪；盗窃、抢夺、毁灭国家机关公文、证件、印章罪；伪造公司、企业、事业单位、人民团体印章罪；伪造、变造居民身份证罪】伪造、变造、买卖或者盗窃、抢夺、毁灭国家机关的公文、证件、印章的，处三年以下有期徒刑、拘役、管制或者剥夺政治权利；情节严重的，处三年以上十年以下有期徒刑。

伪造公司、企业、事业单位、人民团体的印章的，处三年以下有期徒刑、拘役、管制或者剥夺政治权利。

伪造、变造居民身份证的，处三年以下有期徒刑、拘役、管制或者剥夺政治权利；情节严重的，处三年以上七年以下有期徒刑。

【扩展阅读】

信用卡跨国使用的基本法律原则[①]

一、非歧视原则

非歧视原则主要是对于特约商户和收单银行而言的，它原本的含义是，商家应当接受一家发卡银行的所有银行卡产品，不能仅仅接受贷记卡或者是借记卡而不接受另外一种银行卡。后来该规则又被赋予新的含义，即特约商户应当接纳所有会员机构发行的所有银行卡，公平对待所有的发卡人，不能厚此薄彼。非歧视原则的主要目的在于确保公平、提高效率，促进银行卡产业的发展。实际上，非歧视原则对信用卡国际组织最为有利，因为非歧视受理银行卡意味着刷卡量的大幅增加，进而使得信用卡组织可以取得更多的转接费收入。

二、不额外收费原则及统一收费政策

不额外收费原则，即禁止特约商户向持卡人收取比其他支付方式（如现金）更高费用的原则。不额外收费原则对于发卡机构的利益并无伤害，但对于现金使用者和特约商户则具有不确定性。统一收费政策，是指在同一个国家

① 杨振东：《信用卡法律理论及适用》，社会科学文献出版社，2012年版。

或者地区,收费的项目、标准等应当统一。不额外收费及统一收费原则为信用卡国际组织所一直倡导,主要是为了减轻持卡人的财务负担,因为额外收取的费用最终需要持卡人承担。信用卡产业和信用卡市场是一个典型的双边市场,任何一方或多方的利益得不到保障就会影响整个信用卡产业的良性发展。不额外收费原则在理论上一直存在较大的争议,关键还是看持卡人的承受能力以及各国金融当局的价值判断及监管态度。从国际上看,有效执行不额外收费的国家主要有加拿大、墨西哥、美国、瑞典,Visa卡在欧盟成员国内的跨境交易和西班牙也执行该原则。

三、消费者自主选择及授权原则

依据欧盟1999年《远程金融服务》指令草案,消费者选择的自由权属于消费者权利的核心内容之一。由于发卡银行、收单银行(对特约商户有密切的合同关系及较强的控制力)可能是不同信用卡国际组织的会员,而不同的信用卡国际组织会有不同的支付清算通道及收费标准,持卡人刷卡消费时,可能会遇到选择哪家信用卡国际组织支付清算通道及网络的问题,此时应当赋予持卡人消费者完全自主选择的权利。未被选择的信用卡国际组织不应采取对收单银行及其特约商户进行非法要挟或者不当的经济处罚,否则将会违反公平竞争的原则。特约商户也不得出于经济利益的考量而使用不正当手段去影响持卡人行使自己的选择权。

消费者刷卡消费时,应当按照发卡银行信用卡章程以及信用卡领用协议的约定,诚实、守信地使用信用卡,其中真实、自主签名授权(可以选择是否输入密码)为信用卡交易能否顺利完成的关键环节和前提条件。没有持卡人的真实、有效授权,或者当信用卡被盗用、冒用时或其他非授权使用的情形发生时,特约商户、收单银行未履行必要的审慎、审核义务,持卡人对交易只承担有限责任甚至不承担法律责任。

第六单元　银行卡犯罪的主要类型

【精讲精析】

一、短信及电话诈骗案件

短信及电话诈骗案件犯罪行为通常表现为：犯罪嫌疑人通过手机短信或电话的方式，以中奖、退税退费、银行卡消费、银行卡透支或者虚构涉嫌洗钱、绑架等虚假信息，使持卡人陷入错误认识，并引导持卡人将资金转入犯罪嫌疑人提供的账户内。

二、ATM案件

“ATM机案件”，主要涉及以下罪名：(1)窃取、收买、非法提供银行卡信息罪：犯罪嫌疑人通过非法安装盗码器、摄像头等装置，取得银行卡信息资料的行为，以及出售、提供给他人的行为；(2)盗窃罪：犯罪嫌疑人利用黎巴嫩钩、镊子、自制卡钳等工具，在ATM机的卡口内设置“机关”，截留银行卡片，伪造吞卡假象，获取他人银行卡片并使用的行为；(3)诈骗罪：犯罪嫌疑人在ATM机或自助银行内，张贴虚假的“温馨提示”、伪造银行客服电话，采用电话、短信等方式，诱使持卡人陷入错误的认识，并引导持卡人将资金转人犯罪嫌疑人提供的账户内的行为。

三、侧录案件

“侧录案件”，从法律适用来看主要涉及以下罪名：(1)窃取、收买、非法提供银行卡信息罪：犯罪嫌疑人通过采取非法安装盗码器、摄像头等装置或者利用磁卡数据采集器窃取银行卡信息资料的行为，以及出售、提供给他人的行为；(2)伪造金融票证罪：犯罪嫌疑人采取复制他人银行卡、将他人银行卡信息资料写人磁条介质、芯片等方法伪造银行卡1张以上的行为；(3)非法经营罪；

犯罪嫌疑人违反国家规定,使用销售点终端机具(POS机)等方法,以虚构交易、虚开价格、现金退货等方式向银行卡持卡人直接支付现金,情节严重的行为。

四、伪卡案件

“伪卡案件”,从法律适用来看主要涉及以下罪名:(1)窃取、收买、非法提供银行卡信息罪:犯罪嫌疑人通过捡拾取款凭条、商户签购单、商户POS机日结单、银行用过的打卡烫金纸、结账的明细交易清单等获取银行卡资料,通过测试、偷窥持卡人操作或其他技术手段等方式获取密码的行为;(2)伪造金融票证罪:犯罪嫌疑人采取复制他人银行卡、将他人银行卡信息资料写入磁条介质、芯片等方法伪造银行卡1张以上或者伪造空白银行卡10张以上的行为;(3)银行卡诈骗罪:犯罪嫌疑人使用伪造的银行卡进行银行卡诈骗活动的行为。盗取他人银行卡信息资料后伪造银行卡并刷卡消费的行为,触犯刑法第177条、第196条,构成伪造金融票证罪及银行卡诈骗罪,应当“择一重罪”定罪量刑。

五、虚假申请案件

“虚假申请案件”,从法律适用来看主要涉及以下罪名:(1)伪造、变造、买卖国家机关公文、证件、印章罪和伪造公司、企业、事业单位、人民团体印章罪:犯罪嫌疑人为银行卡申请人制作、提供虚假的财产状况、收入、职务等资信证明材料,涉及伪造、变造、买卖国家机关公文、证件、印章,或者涉及伪造公司、企业、事业单位、人民团体印章,应当追究刑事责任的行为;(2)伪造、变造居民身份证罪:犯罪嫌疑人为了自己骗领或帮助他人骗领银行卡而制造虚假的居民身份证,或者对真的居民身份证进行涂改,改变姓名、年龄的行为;(3)妨害银行卡管理罪:犯罪嫌疑人使用虚假的身份证明骗领银行卡的行为;(4)银行卡诈骗罪:犯罪嫌疑人使用骗领的银行卡进行银行卡诈骗活动的行为。

六、网上银行案件

“网上银行案件”,从法律适用来看主要涉及以下罪名:(1)窃取、收买、非法提供银行卡信息罪;犯罪嫌疑人通过仿冒银行网银的网络地址和页面内容,或者利用真实网站服务器程序上的漏洞在站点网页中插入木马、病毒等方式,窃取用户银行卡信息资料的行为;(2)银行卡诈骗罪:犯罪嫌疑人窃取、收买、骗取或者以其他非法方式获取他人银行卡信息资料,并通过互联网、通讯终端等使用的行为。

七、冒用他人银行卡案件

"冒用他人银行卡案件"从法律适用来看主要涉嫌的是银行卡诈骗罪,犯罪行为通常表现为:犯罪嫌疑人拾得他人银行卡并使用的;骗取他人银行卡并使用的;使用伪造的银行卡等。

八、恶意透支案件

"恶意透支案件",从法律适用来看主要涉嫌的是信用卡诈骗罪,犯罪行为通常表现为:持卡人以非法占有为目的,超过规定限额或者规定期限透支,并且经发卡银行两次催收后超过3个月仍不归还。按照最高人民法院、最高人民检察院《关于办理妨害银行卡管理刑事案件具体应用法律若干问题的解释》的规定,持卡人有以下情形之一的应当认定为《刑法》规定的"以非法占有为目的":(1)明知没有还款能力而大量透支,无法归还的;(2)肆意挥霍透支的资金,无法归还的;(3)透支后逃匿、改变联系方式,逃避银行催收的;(4)抽逃、转移资金,隐匿财产,逃避还款的;(5)使用透支的资金进行违法犯罪活动的;(6)其他非法占有资金,拒不归还的行为。此外,案件中出现的套现行为则涉嫌非法经营罪:犯罪嫌疑人违反国家规定,使用销售点终端机具(POS机)等方法,以虚构交易、虚开价格、现金退货等方式向银行卡持卡人直接支付现金,情节严重的行为。

【典型案例】

案例一　假身份骗领银行卡后虚假消费套现

海口市人张某年近30岁,无固定工作和稳定收入,本不具备银行颁布的申请银行卡资格,但他十分希望拥有一张银行卡。2010年初,张某经人介绍认识了龙某(已起诉,尚未判刑),请求龙某帮忙用"非正常渠道"申请一张银行卡。龙某同意帮忙,并提出事成后按银行卡额度的10%收取"手续费",张某同意。过后不久,龙某找人为张某伪造了"中国移动通信海南有限公司某营业部"的职务及收入证明,同年6月25日,张某以本人身份资料和龙某提供的虚假身份证明向中国银行申请银行卡。在龙某的指导下,张某按照伪造的证明材料填写申请表,并在银行电话核查身份时按照虚假的材料内容回答。就这样,张某通过了银行审批,顺利领到中国银行发放的信用额度为10000元的银行卡,领到卡后,张某向龙某支付了办卡"手续费"人民币1000元。之后,张某并未正常使用该卡,而是持该卡到中国移动通信海南分公司某营业点的POS机上刷卡进行虚假消费,并向该机营业员支付2%的费用后套取现金人民币1000元。

与龙某"合作"骗领银行卡并套现成功后,张某似乎发现了一条不劳而获的"发财"之路。2010年9月,张某伺机从一家打字复印店偷拿了客户复印后未取走的"黄某勇"身份证复印件,再加上龙某伪造的"黄某勇"在"海南省农垦总医院某院区"的职务及收入证明,向交通银行成功申请了该行银行卡。随后,张某、龙某持卡到中国移动通信海南分公司某营业点的POS机上虚假消费,用同样手段套取现金人民币11000元,除交220元给营业员作为套现费用外,剩下10780元张某、龙某二人平分。破案后查明:2010年期间,张某与龙某合作,以非法占有为目的,使用本人或他人虚假身份证明共骗领银行卡三张后虚假消费,套现骗取人民币31000元,数额较大,张某的行为构成信用卡诈骗罪和妨害银行卡管理秩序罪。

案例二 骗领银行卡后正常使用

张某的女友邓某(取保候审,另案处理)因无固定工作和收入同样不具备申请银行银行卡的条件,但见到张某使用银行卡后便也动了心思,她央求张某想办法为自己也领一张来用,张某便找龙某帮忙。龙某向张提供了伪造的邓某在"中国移动通信海南有限公司某营业部"工作的职务和收入证明,邓某便在张某的指导下以本人身份证和伪造材料向中国银行成功申领了该行银行卡。银行卡到手后,邓某正常使用该卡消费,并在银行规定的期限内按时还款。

除此之外,张某还用本人的身份证及龙某为其伪造的工作职务、收入证明材料向深圳发展银行申领了该行的银行卡,这张卡由张某本人正常使用。

案例三 人在国外,卡被盗刷了[①]

2011年2月12日凌晨,小陈收到手机短信,称他的某行银行卡前后被消费了28次,共计2万多元。而他已经很久没回国了,而且他的银行卡还有U盾都在身边啊,查看记录,还全是在网上消费的,小陈委托国内朋友报案。这是一

①转自法制网,2011年案件播报。

起公安部督办案件，涉及受害人206人，涉案金额120余万元。警方很快发现，一个天津姓刘的小伙子用小陈的银行卡在网上买了游戏点卡。小刘23岁，天津人，他向警方交代了欺诈经过：

第一步：小刘从“上游”（卖木马程序和软件）买来木马程序。这个木马程序包括购物网站卖家号码、克隆的购物网站页面等（在正规网址的后缀做了手脚）；

第二步：等待买家上钩，如果有人点击店铺信息来问店小二，小刘的帮手扮作客服（有时小刘自己上阵），和买家聊天。聊天过程中，小刘伺机要加买家QQ好友，然后通过QQ发克隆淘宝的钓鱼网站。只要买家一点击，就中招了；

第三步，买家点开这个网址，网上支付时，支付宝上的钱就被转入那个钓鱼网站的后台了。为了拿到更多的钱，他们接下来还会再出招；

第四步，小刘跟买家说，卡单了，于是他发来一个0.1元的支付链接，“试试看，如果能支付，我另外再还给你这一毛钱”。当买家根据这个链接，按要求输入银行卡相关信息，又中了诡计了——银行卡的信息被小刘窃取，然后他们可以利用这些银行卡信息在网上任意盗刷。然后他们在网上买游戏点卡，找人去洗钱，“下游”（洗钱者）低价吃进小刘他们的游戏点卡，比如100元面值的盛大游戏点卡，他们可能80元就吃进了，而对小刘来说，这是洗白钱最便利的通道了。经过核实，小刘和他的同伙从2010年7月到2011年4月，大约作案50多起，涉案价值30多万元。

【以案说法】

案例一　信用卡诈骗罪和妨害银行卡管理罪[①]

此案从银行卡业务的角度称为“虚假申请案件”，从法律适用来看主要涉及以下罪名：（1）伪造、变造、买卖国家机关公文证件印章罪和伪造公司、企业、事业单位、人民团体印章罪：犯罪嫌疑人为信用卡申请人制作、提供虚假的财产状况、收入、职务等资信证明材料，涉及伪造、变造、买卖国家机关公文证件印章或者涉及伪造公司、企业、事业单位、人民团体印章，应当追究刑事责任的行为；（2）伪造、变造居民身份证罪：犯罪嫌疑人为了自己骗领或者帮助他人骗领信用卡而制造虚假的居民身份证或者对真的居民身份证进行涂改，改变姓

①转自法制网，2011年海南频道，案件播报。

名、年龄的行为;(3)妨害信用卡管理罪:犯罪嫌疑人使用虚假的身份证明骗领信用卡的行为;(4)信用卡诈骗罪:犯罪嫌疑人使用骗领的信用卡进行信用卡诈骗活动的行为。

案例二　骗领银行卡案

不法分子恶意虚假申请银行卡,通常都有一定的外在表现形式,发卡部门只要认真地加以梳理或进行计算机系统比对,都有可能尽早地发现虚假申请者的蛛丝马迹。虚假申请者的外在表现形式主要有以下几个方面:

1.同一邮寄地址下提交了若干份申请;

2.若干份申请的基本信息相似或近似;

3.多份申请人的居住地址是相同的街区或电话号码前几位都相同;

4.若干份申请人的笔迹相似或近似;

5.持卡人账户很快出现异常操作,往往会在开卡后马上进行大笔量的交易;

6.突然提高或降低未清偿账户的信用额度,原因可能是由于持卡人遇到债务麻烦,或是不法分子在欺诈申请被识破前急于套利;

7.通常持卡人账户在第一期或第二期就开始拖欠还款。

案例三　卡被盗刷案

此案从银行卡业务的角度称为"网上银行案件",从法律适用来看主要涉及以下罪名:(1)窃取、收买、非法提供信用卡信息罪:犯罪嫌疑人通过仿冒银行网银的网络地址和页面内容,或者利用真实网站服务器程序上的漏洞在站点网页中插入木马、病毒等方式,窃取用户银行卡信息资料的行为;(2)信用卡诈骗罪:犯罪嫌疑人窃取、收买、骗取或者以其他非法方式获取他人信用卡信息资料,并通过互联网通讯终端等使用的行为。

【法条链接】

最高人民法院 最高人民检察院关于办理妨害银行卡管理刑事案件具体应用法律若干问题的解释

第一条　复制他人银行卡、将他人银行卡信息资料写入磁条介质、芯片或者以其他方法伪造银行卡1张以上的,应当认定为刑法第一百七十七条第一款第(四)项规定的"伪造银行卡",以伪造金融票证罪定罪处罚。

伪造空白银行卡10张以上的,应当认定为刑法第一百七十七条第一款第

(四)项规定的“伪造银行卡”,以伪造金融票证罪定罪处罚。

伪造银行卡,有下列情形之一的,应当认定为刑法第一百七十七条规定的“情节严重”:

(一)伪造银行卡5张以上不满25张的;

(二)伪造的银行卡内存款余额、透支额度单独或者合计数额在20万元以上不满100万元的;

(三)伪造空白银行卡50张以上不满250张的;

(四)其他情节严重的情形。

伪造银行卡,有下列情形之一的,应当认定为刑法第一百七十七条规定的“情节特别严重”:

(一)伪造银行卡25张以上的;

(二)伪造的银行卡内存款余额、透支额度单独或者合计数额在100万元以上的;

(三)伪造空白银行卡250张以上的;

(四)其他情节特别严重的情形。

本条所称“银行卡内存款余额、透支额度”,以银行卡被伪造后发卡行记录的最高存款余额、可透支额度计算。

第二条　明知是伪造的空白银行卡而持有、运输10张以上不满100张的,应当认定为刑法第一百七十七条之一第一款第(一)项规定的“数量较大”;非法持有他人银行卡5张以上不满50张的,应当认定为刑法第一百七十七条之一第一款第(二)项规定的“数量较大”。

有下列情形之一的,应当认定为刑法第一百七十七条之一第一款规定的“数量巨大”:

(一)明知是伪造的银行卡而持有、运输10张以上的;

(二)明知是伪造的空白银行卡而持有、运输100张以上的;

(三)非法持有他人银行卡50张以上的;

(四)使用虚假的身份证明骗领银行卡10张以上的;

(五)出售、购买、为他人提供伪造的银行卡或者以虚假的身份证明骗领的银行卡10张以上的。

违背他人意愿,使用其居民身份证、军官证、士兵证、港澳居民往来内地通行证、台湾居民来往大陆通行证、护照等身份证明申领银行卡的,或者使用伪造、变造的身份证明申领银行卡的,应当认定为刑法第一百七十七条之一第一款第(三)项规定的"使用虚假的身份证明骗领银行卡"。

第三条 窃取、收买、非法提供他人银行卡信息资料,足以伪造可进行交易的银行卡,或者足以使他人以银行卡持卡人名义进行交易,涉及银行卡1张以上不满5张的,依照刑法第一百七十七条之一第二款的规定,以窃取、收买、非法提供银行卡信息罪定罪处罚;涉及银行卡5张以上的,应当认定为刑法第一百七十七条之一第一款规定的"数量巨大"。

第四条 为银行卡申请人制作、提供虚假的财产状况、收入、职务等资信证明材料,涉及伪造、变造、买卖国家机关公文、证件、印章,或者涉及伪造公司、企业、事业单位、人民团体印章,应当追究刑事责任的,依照刑法第二百八十条的规定,分别以伪造、变造、买卖国家机关公文、证件、印章罪和伪造公司、企业、事业单位、人民团体印章罪定罪处罚。

承担资产评估、验资、验证、会计、审计、法律服务等职责的中介组织或其人员,为银行卡申请人提供虚假的财产状况、收入、职务等资信证明材料,应当追究刑事责任的,依照刑法第二百二十九条的规定,分别以提供虚假证明文件罪和出具证明文件重大失实罪定罪处罚。

第五条 使用伪造的银行卡、以虚假的身份证明骗领的银行卡、作废的银行卡或者冒用他人银行卡,进行银行卡诈骗活动,数额在5000元以上不满5万元的,应当认定为刑法第一百九十六条规定的"数额较大";数额在5万元以上不满50万元的,应当认定为刑法第一百九十六条规定的"数额巨大";数额在50万元以上的,应当认定为刑法第一百九十六条规定的"数额特别巨大"。

"用卡",包括以下情形:

(一)拾得他人银行卡并使用的;

(二)骗取他人银行卡并使用的;

(三)窃取、收买、骗取或者以其他非法方式获取他人银行卡信息资料,并通过互联网、通讯终端等使用的;

(四)其他冒用他人银行卡的情形。

第六条 持卡人以非法占有为目的,超过规定限额或者规定期限透支,并且经发卡银行两次催收后超过3个月仍不归还的,应当认定为刑法第一百九十六条规定的"恶意透支"。

有以下情形之一的,应当认定为刑法第一百九十六条第二款规定的"以非法占有为目的”：

（一）明知没有还款能力而大量透支，无法归还的；

（二）肆意挥霍透支的资金，无法归还的；

（三）透支后逃匿、改变联系方式，逃避银行催收的；

（四）抽逃、转移资金，隐匿财产，逃避还款的；

（五）使用透支的资金进行违法犯罪活动的；

（六）其他非法占有资金，拒不归还的行为。

恶意透支，数额在1万元以上不满10万元的，应当认定为刑法第一百九十六条规定的“数额较大”；数额在10万元以上不满100万元的，应当认定为刑法第一百九十六条规定的“数额巨大”；数额在100万元以上的，应当认定为刑法第一百九十六条规定的“数额特别巨大”。

恶意透支的数额，是指在第一款规定的条件下持卡人拒不归还的数额或者尚未归还的数额。不包括复利、滞纳金、手续费等发卡银行收取的费用。

恶意透支应当追究刑事责任，但在公安机关立案后人民法院判决宣告前已偿还全部透支款息的，可以从轻处罚，情节轻微的，可以免除处罚。恶意透支数额较大，在公安机关立案前已偿还全部透支款息，情节显著轻微的，可以依法不追究刑事责任。

第七条　违反国家规定，使用销售点终端机具（POS机）等方法，以虚构交易、虚开价格、现金退货等方式向银行卡持卡人直接支付现金，情节严重的，应当依据刑法第二百二十五条的规定，以非法经营罪定罪处罚。

实施前款行为，数额在100万元以上的，或者造成金融机构资金20万元以上逾期未还的，或者造成金融机构经济损失10万元以上的，应当认定为刑法第二百二十五条规定的“情节严重”；数额在500万元以上的，或者造成金融机构资金100万元以上逾期未还的，或者造成金融机构经济损失50万元以上的，应当认定为刑法第二百二十五条规定的“情节特别严重”。

持卡人以非法占有为目的，采用上述方式恶意透支，应当追究刑事责任的，依照刑法第一百九十六条的规定，以银行卡诈骗罪定罪处罚。

第八条　单位犯本解释第一条、第七条规定的犯罪的，定罪量刑标准依照各该条的规定执行。

中华人民共和国刑法修正案（五）

一、在刑法第一百七十七条后增加一条，作为第一百七十七条之一：“有下列情形之一,妨害银行卡管理的,处三年以下有期徒刑或者拘役,并处或者单处一万元以上十万元以下罚金;数量巨大或者有其他严重情节的,处三年以上十年以下有期徒刑,并处二万元以上二十万元以下罚金:

(一)明知是伪造的银行卡而持有、运输的,或者明知是伪造的空白银行卡而持有、运输,数量较大的;

(二)非法持有他人银行卡,数量较大的;

(三)使用虚假的身份证明骗领银行卡的;

(四)出售、购买、为他人提供伪造的银行卡或者以虚假的身份证明骗领的银行卡的。

"窃取、收买或者非法提供他人银行卡信息资料的,依照前款规定处罚。"

"银行或者其他金融机构的工作人员利用职务上的便利,犯第二款罪的,从重处罚。"

二、将刑法第一百九十六条修改为"有下列情形之一,进行银行卡诈骗活动,数额较大的,处五年以下有期徒刑或者拘役,并处二万元以上二十万元以下罚金;数额巨大或者有其他严重情节的,处五年以上十年以下有期徒刑,并处五万元以上五十万元以下罚金;数额特别巨大或者有其他特别严重情节的,处十年以上有期徒刑或者无期徒刑,并处五万元以上五十万元以下罚金或者没收财产:

(一)使用伪造的银行卡,或者使用以虚假的身份证明骗领的银行卡的;

(二)使用作废的银行卡的;

(三)冒用他人银行卡的;

(四)恶意透支的。

"前款所称恶意透支,是指持卡人以非法占有为目的,超过规定限额或者规定期限透支,并且经发卡银行催收后仍不归还的行为。"

"盗窃银行卡并使用的,依照本法第二百六十四条的规定定罪处罚。"

中华人民共和国刑法修正案(七)

五、将刑法第二百二十五条第三项修改为:"未经国家有关主管部门批准非法经营证券、期货、保险业务的,或者非法从事资金支付结算业务的;"

【扩展阅读】

网络信用卡犯罪①

随着网络技术的进步，信用卡的使用也由原来单一的在POS机上刷卡消费，发展到包括在RFID机上拍卡感应使用、通过互联网进行交易等多种更为便捷的使用方式，因此，网络也成为信用卡犯罪侵袭的目标。网络信用卡诈骗犯罪是指，通过计算机系统，利用可网上支付信用卡的功能、特性，出于诈骗意图为自己或第三人获取经济利益，故意实施诈骗活动而导致他人财产损失的行为。

一、网络信用卡业务的主要特点

网络经济活动要求资金支付实时、迅速，传统的现金、票据支付等方式难以适应，而可网上支付的信用卡很好地满足了以上要求，成为网络经济活动中资金支付的主要形式。网络信用卡犯罪与可网上支付的信用卡业务活动紧密相关，在分析网络信用卡诈骗犯罪前，有必要了解这类信用卡业务的主要特点：

1.信息化：(1)使用方式的信息化。可网上支付的信用卡已经超越“卡”的限制，用户在进行网上交易时无须出示信用卡，只要正确填写信用卡账号(或替代账号的识别号码)和密码，就能顺利完成交易支付；(2)用户资金的信息化。用户的钱款被转换为金融转账系统中的电子记录，交易支付表现为买方资金账户电子记录的减少和卖方资金记录的增加；(3)用户信用的信息化。用户相关的资料被记录在信用数据库中，并形成某一层次的信用等级，这种信用等级信息直接影响用户的网上交易。

2.以密码代替用户签名：在网上交易中，交易方(如买卖方)和中间服务机构(如支付网站和信用卡公司)往往分处一方，他们之间的交易行为都必须通过互联网和计算机系统来处理，传统的支付方签名盖章无法适应这种交易模式，而被代之以密码，以密码代替用户签名盖章已成为网上支付信用卡业务的通行做法。

3.交易进行的自动化：与传统信用卡业务不同的是，可网上支付信用卡业务的内部处理完全脱离人的直接干预，交易方和中间服务方只需确认处理结

① 李睿：《信用卡犯罪研究》，上海社会科学院出版社，2009年9月。

果的正确性,所有复杂的联系、记录、处理工作全部由联网的计算机系统完成。

4.用途多样化:可网上支付的信用卡几乎可以用于一切网络经济活动,如网上购物、网上信息服务、网上证券交易、网上转账等等,这类信用卡事实上起到网上“电子钱包”的作用。此外,某些大的信用卡公司如VISA、MASTER[①]公司发行的可网上支付信用卡能进行跨国交易,这种信用卡用户可以在任何地方通过互联网进行实时国际交易。

二、网络信用卡犯罪的特点

由于网络经济在安全控制和法律保障上的缺漏,可网上支付信用卡的上述特性和功能易被犯罪利用。而这类犯罪的特点正是它利用了计算机、网络和可网上支付信用卡的特性、功能,犯罪方法与传统犯罪迥然不同。具体表现在以下几个方面:

1.获取信用卡相关信息是实施犯罪的重要环节

由于可网上支付信用卡的上述特性和功能,获取信用卡相关信息等于得到了开启用户资金的大门,犯罪嫌疑人可以像合法用户一样使用被害人的资金而不会被怀疑。这些信用卡相关信息包括账号、密码、信用卡上记录的验证信息等。犯罪嫌疑人获取这些信息的手段有多种,如侵入管理信用卡资料的计算机信息系统中,窃取信息、使用读卡机盗录他人信用卡信息、窥探他人信用卡密码、破解信用卡密码等。

2.利用计算机系统进行诈骗,方式多种多样

网上交易处理全部由计算机系统或机电一体化设备等客户服务终端完成,只要提供正确的信用卡信息,这些设备就不再查验使用者的其他情况,因此,即使有非常明显的作假痕迹,如制作拙劣的伪造信用卡,仍被视作合法信用卡。这一特点成为犯罪人首选以上设备实施诈骗的重要原因。通过了客户服务终端的验证,犯罪嫌疑人就可以利用信用卡提供的各种功能进行诈骗,如网上消费、网上证券交易、网上博彩等。

3.犯罪的跨国性

可网上支付信用卡可用于全球网上交易的资金支付,这一功能被犯罪嫌疑人利用来实施跨国信用卡诈骗。犯罪嫌疑人获取有关信用卡信息后,就能通过互联网针对多个国家的被害人进行网上信用卡诈骗。

---

① VISA是指威士卡,是全球覆盖面最广、功能最强和最先进的消费支付处理系统之一;MASTER是指万事达卡,万事达卡致力于提供全球消费者一个更便利与更有效率的金融支付环境。

4.犯罪的隐蔽性

客户服务终端有限的识别能力和计算机、网络的技术特性，为犯罪嫌疑人隐蔽作案、隐匿销毁犯罪痕迹提供了机会，一些网上信用卡诈骗犯罪即使多次实施、造成严重损失，也难以被发现。可网上支付信用卡的多用途特点不仅被用于实施犯罪，也是犯罪洗钱的重要方式，通过多次网上证券交易，可以隐匿赃款的去向。

三、网络信用卡犯罪的形式

网络信用卡犯罪形式有多种，如破解信用卡密码后，伪造并使用信用卡、伪造并冒用他人信用卡、与信用卡特约商户勾结冒用他人信用卡等。目前，比较典型的犯罪形式主要有三种：

1.“网络钓鱼”：这是一种常见的网络欺诈方式，即制造或使用与知名合法企业、金融机构或政府机关的电子邮件或网站相似的电子邮件和网站，诱骗网络用户投入他们的银行和金融账户信息或其他个人信息，如用户名和密码。

2.冒用他人信用卡进行网上消费：与传统信用卡诈骗不同的是，这类犯罪中冒用他人的信用卡无须持被害人的信用卡进行，只要得到被害人的信用卡账号密码，犯罪嫌疑人就能进行信用卡诈骗，在这类犯罪中，危害比较大的是非法侵入计算机信息系统中的信用卡数据库，大量窃取信用卡资料并用于消费或予以公布的行为，它不仅会给相关用户造成经济损失，被侵入的信用卡公司也将遭遇重大损失，甚至是灭顶之灾。

3.伪造信用卡并使用：这类行为多由高技术能力的“黑客”或者信用卡内部人员所为，犯罪人在管理信用卡信息的计算机信息系统中，虚设信用卡账户信息，并在客户服务终端上使用这些非法信用卡信息进行诈骗活动。

4.使用信用卡后拒付：有的信用卡用户在完成信用卡交易后(多是要求将商品发往某公共场所的邮箱或者电子邮箱)，向信用卡公司提出拒付投诉，将交易费用转嫁给商户，从而非法占有交易的商品。

网络信用卡诈骗犯罪的危害表现在两个方面：一是造成信用卡用户、商户或者金融机构的财产损失，或者迫使相关信用卡公司、特约商户增加安全设施的投入，这是这类犯罪的直接危害后果；二是导致人们在网上交易中不愿使用网上信用卡支付，客观上阻碍了网络经济、电子商务的发展。可以预见，随着网络经济的发展和网上支付信用卡业务的扩展，网络信用卡诈骗犯罪对个人、单位和社会的危害将进一步加深。

结 语

银行卡是一种既简单又复杂、既微观又宏观、既成熟又年轻的消费信贷类金融工具。说它简单,主要是因为银行卡作为简便、实用的消费信贷金融产品,有越来越多的普通民众能够获得、拥有并熟练地使用它;说它复杂,是因为银行卡业务中有着复杂的民商法律关系,涉及当事人各方的权利、义务以及权利义务的均衡配置。说它微观,是因为它只是零售金融业务中的一类消费信贷和支付结算工具,在物理意义上占用很小的尺寸空间;说它宏观,是因为银行卡产业的发展关乎刺激消费与经济增长,促进物质文明、社会和谐和道德升华等总体社会福利目标的实现。说它成熟,是因为从第一张银行卡产生已经有五十多年的历史,银行卡产业已成为一种比较稳定的零售金融产业;说它年轻,是因为随着时代的发展,银行卡从形式到内容都在不断被赋予新的内涵,因而其适应性和生命力越来越强。

在我国现行残缺不全的银行卡民商法律体系中,对于当事人各方的权利义务规定不具体、不清晰,持卡人的法律救济渠道不畅通。司法机关裁判银行卡案件时,缺乏具体的法律依据,更多的是参照发卡银行的行业惯例,这对于保护持卡人的合法权益是十分不利的。在银行卡民商法律关系中,持卡人与发卡机构之间的法律关系居于核心地位。基于两者之间经济法律地位的严重不对等,有必要通过强行法的规定,确立发卡机构的先合同义务、合同履行中的告知义务和后合同的诚信、善良义务,平衡地分配相互间的权利、义务。实务中,特约商户和收单机构的权利、义务的规定也十分模糊,以至于在新的经济条件下出现了诸如银行卡积分、银行卡套现以及银行卡资产证券化等新类型法律问题。可以考虑在未来的银行卡民商立法中,建立和完善相应部分的内容,从实体法、程序法两个层面确立银行卡民商法律的基本规范。

完成此书,首先要感谢的是我的老师俞树毅教授,没有他的指导、鼓励,我不可能完成研究工作;其次要感谢我的师兄杨晓平副教授、兰州大学的王芬宇老师、兰州理工大学的权丽华副教授的指点;还要感谢我的家人鼓励,书中错误缺点在所难免,欢迎批评指正!

骆晓玲

2014年9月18日于兰州

参考文献

[1]杨振东.银行卡法律理论及适用.北京:社会科学文献出版社出版,2011.

[2]赵永林.银行卡安全机制与法律问题研究.北京:法律出版社,2010.

[3]李睿.银行卡犯罪研究.上海:上海社会科学院出版社,2009.

[4]余俊杰.轻松玩转银行卡.北京:清华大学出版社,2012.

[5]侯春雷.银行卡交易的民法分析.北京:法律出版社,2010.

[6]陈潜.信用法律制度及运行实务.北京:法律出版社,2005.

[7]侯放.信用证银行卡犯罪问题研究.北京:法律出版社,2005.

[8]吴晓灵.银行家法学原理.北京:中国计划出版社,2001.

[9]谈李荣.契约多重性下银行与客户利益格局的法律研究.北京:法律出版社,2008.

[10]杨淑文.新型契约与消费者保护法.北京:中国政法大学出版社,2002.

[11]孙毅坤等.银行卡产业监管.国际经验.北京:中国金融出版社,2009.

[12]胡滨,全先银.2009中国金融法治报告·金融蓝皮书.北京:社会科学文献出版社,2009.

[13]邹好浩.美国消费信用体系初探.北京:中国政法大学出版社,2006.

[14]齐爱民,崔聪聪.电子金融法研究.北京:北京大学出版社,2007.

[15]魏检,周林彬.法经济学.北京:中国人民大学出版社,2008.

[16]杨枝煌.中国金融知识产权科学发展战略.北京:知识产权出版社,2009.

[17]徐志宏.商业银行银行卡业务.北京:中国金融出版社,2007.

[18]辛树森.银行卡.北京:中国金融出版社,2007.

[19]张炜.2008银行业法制年度报告.北京:中国金融出版社,2008.

[20]谈李荣.金融隐私权与信用开放的博弈.北京:法律出版社,2008.

[21]韩世远.合同法总论:第二版.北京:法律出版社,2008.

[22]张炜.2009银行业法制年度报告.北京:中国金融出版社,2009.

[23]刘晓勇.银行监管有效性研究.北京:社会科学文献出版社,2007.

[24]白钦先,郭翠荣.各国金融体制比较.北京:中国金融出版社,2001.

[25]王晓哗.反垄断立法热点问题.北京:社会科学文献出版社,2007.

[26]孙宪忠.物权法.北京:社会科学文献出版社,2005.

[27]席志国,方立维.物权法法条详解与原理阐释.北京:中国人民公安大学出版社,2007.

[28]王保树.经济法原理.北京:社会科学文献出版社,2004.

[29]赵旭东.国际视野下公司法改革.北京:中国政法大学出版社,2007.

[30]王家福.人身权与法制.北京:社会科学文献出版社,2007.

[31]司法改革课题组.改革司法——中国司法改革的回顾与前瞻.北京:社会科学文献出版社,2005.

[32]陈志武.金融的逻辑.北京:国际文化出版公司,2009.

[33]刘瑜.民主的细节.上海:上海三联书店,2009.

[34]虞月君.中国银行卡产业发展模式研究.北京:中国金融出版社2004.

[35]刘张君.金融管制放松条件下的银行业自律研究.北京:中国金融出版社,2009.

[36]姚志明.侵权行为法研究.台北:元照出版公司,2006.

[37]苏力.制度是如何形成的:增订版.北京:北京大学出版社,2007.

[38]张炜.个人金融业务与法律风险控制.北京:法律出版社,2004.

[39]周忠海等.网络银行法律问题研究.北京:知识产权出版社,2008.

[40]应飞虎.信息、权利与交易安全——消费者保护研究.北京:北京大学出版社,2008.

[41]迟福林.第二次改革.北京:中国经济出版社,2010.

[42]刘燕.消费金融的法律结构分析.北京:经济日报出版社,2007.

[43]王文宇.新金融法.北京:中国政法大学出版社,2003.

[44]王胜明.侵权责任法解读.北京:中国法制出版社,2010.

[45]王泽鉴.民法学说与判例研究:修订版,1-2.北京:中国政法大学出版社,2005.

[46]王泽鉴.民法思维——请求权基础理论体系.北京:北京大学出版社,2009.

[47]高凌云.被误读的信托——信托法原论.上海:复旦大学出版社,2010.

[48]厉以宁.经济学的伦理问题.上海:生活·读书·新知三联书店,1995.

[49]徐孟洲.耦合经济法论.北京:中国人民大学出版社,2010.

[50]何勤华.20世纪外国经济法的前沿.北京:法律出版社,2002.

[51]刘益灯.国际消费者保护法律制度研究.北京:中国方正出版社,2005.

[52]全国人大常委会法制工作委员会民法室.侵权责任法立法背景与观点全集.北京:法律出版社,2010.

[53]张五常.货币战略论.北京:中信出版社,2010.

[54]黄茂荣.债法各论:第一册.北京:中国政法大学出版社,2004.

[55]谈李荣.银行与客户法律关系.北京:中国金融出版社,2004.

[56]中国银行业协会.2009年度中国银行业社会责任报告.2010.

[57]中国人民银行.中国支付体系发展报告(2006).北京:中国金融出版社,2007.

[58]中国人民银行.中国支付体系发展报告(2007).北京:中国金融出版社,2008.

[59]中国人民银行.中国支付体系发展报告(2008).北京:中国金融出版社,2009.

[60]张德芬.小额电子资金划拨法研究.郑州:郑州大学出版社,2006.